José Manuel Valdéz y Palacio

Bosquejo sobre el estado político y moral del Perú

Barcelona **2024**
Linkgua-ediciones.com

Créditos

Título original: Bosquejo sobre el estado político y moral del Perú.

© 2024, Red ediciones S.L.

e-mail: info@linkgua.com

Diseño de cubierta: Michel Mallard

ISBN rústica: 978-84-9816-587-6.
ISBN ebook: 978-84-9897-131-6.

Sumario

Brevísima presentación

La vida

José Manuel Valdez y Palacios (1812-1854) (Cuzco...)

Valdez y Palacios huyó del Cuzco en 1843 tras unos disturbios. Su casa fue asaltada y saqueada y sus bienes confiscados durante una revuelta, por lo que tuvo que escapar hacia la frontera de Brasil. Atravesó las estribaciones de los Andes orientales y se internó en la jungla amazónica navegando en balsa. El viaje fue una evocación de sus lecturas de Chateaubriand y Rousseau.

Pactos y guerras

Este libro contiene una ardua reflexión sobre la historia política del Perú durante la primera mitad del siglo XIX. Son de especial interés las alusiones a la actividad de Bolívar y a la cadena de pactos y acciones bélicas que marcaron su vida.

Prefacio

Las vicisitudes políticas del Perú, cuyo cuadro se bosqueja rápidamente en esta obra, creo que servirán para la historia, y de lección a los hombres y a los pueblos de la América Meridional que quieran perderse por el mismo camino. Muchos son los que han emitido sus fallos sobre el Perú; pero las opiniones vertidas y los hechos citados han sido erróneos o falsos, porque, siendo extranjeros, no tuvieron el tiempo ni las ocasiones necesarias para iniciarse en los negocios internos del país, pues las relaciones de éste con los demás países casi no han existido, por causa, de sus disturbios, y porque su política, reducida a una pequeña esfera, no ha dado oportunidad a la inspección extranjera.

En lo que a mí respecta, he sido espectador del drama sangriento que se ha presentado en el Perú, durante el espacio de quince años. Cuando regresé a Lima, acababa de sentarse el general Gamarra en la silla presidencial, destituyendo al general La Mar, primer presidente de la república, por medio de una revuelta militar, que fue el primer fusil de la cadena de revoluciones que se sucedieron. Esta circunstancia, unida a otras que el deber de quien escribe para el público me prohíbe expresar, me permite presentar un bosquejo verdadero, aunque imperfecto, del estado político del Perú, en la época de su independencia; y, como los gobiernos y las revoluciones imprimen su sello en las letras y en las costumbres, juzgo también estar habilitado para ofrecer un bosquejo del estado moral y literario de aquel país; el cual estará siempre basado en la verdad, aunque desprovisto de toda la casta de mérito literario.

En cuanto a la descripción del Cuzco, juzgué un deber hacerla, no solo por ser el punto de partida de mi viaje, sino igualmente por el papel que desempeña en la historia del destruido imperio de los Incas, en la historia de la independencia, y en la historia de la guerra civil. En Cuzco nacieron y murieron en un patíbulo los dos primeros hombres que soñaron con la libertad sudamericana; allí nació y murió en el cadalso el primer mártir de la independencia; allí nació también el hombre que ha destruido el Perú. Los monumentos, las antigüedades de los Incas, celebradas ya por la poética pluma de Marmontel, también recomienda la descripción de esta ciudad, considerando que, siendo central a doscientas leguas de distancia de la capital, es el lugar donde han ido menos extranjeros, y por consiguiente sobre el cual se habló con menos exactitud.

Época primera

Capítulo I. Riqueza

La riqueza del Perú fue tan extraordinaria antes de la guerra de la independencia, que a pesar de haberse convertido en proverbio entre algunas naciones de Europa, parecerá tal vez fabulosa su descripción para aquellos que no fueron sus espectadores o para los que no tuvieron el gusto de leer los documentos que restan de la pasada opulencia de este país. Las puertas de plata de la antigua ciudad de LOS REYES, que era el título que se daba a la soberbia Lima en los tiempos de su magnificencia, han sido ya descritas por la pluma de muchos viajantes; pero no es en este sentido que queremos escribir. La descripción de la pasada grandeza de los imperios y de las ciudades es ciertamente agradable al hombre que la contempla y que se siente transportado a las épocas y lugares: existe sin embargo un objeto más importante, existe una lección de moral, en el contraste de una nación que de pronto pasa de la prosperidad a la miseria.

En 1791 las minas descubiertas y explotadas en el Perú pasaban de 160 las de oro, y llegaban a 184 las de plata. El clima, las localidades y otras varias causas físicas, reunidas conjuntamente, colaboraron para hacer del Perú la tierra del oro y de la plata; parece que la naturaleza se había complacido en levantar sobre esta parte de la América-Meridional ese mar de montañas cuyos picos se elevan a los cielos y cuyas bases son de oro. Del seno de estas montañas salieron esos tesoros con que España deslumbró al mundo, deslumbrándose, al mismo tiempo, a sí misma, durante algunos años; y que pasando después a otras manos, la dejó sumida en la miseria que hoy exhibe. Aún ahora, habiendo transcurrido algunos años desde que la hoz de la revolución fue acabando con los brazos industriosos que trabajaban esas minas, una gran cantidad de oro y de plata que brilla en las más grandes capitales de Europa, bajo las infinitas formas que le imprimieron el uso y la industria, así como una porción considerable de la moneda fuerte que circula en las plazas mercantiles, son el producto de las minas del Perú y México. En 1682 solo los comerciantes de Lima tapizaron de plata maciza la calle principal, por donde el virrey, duque de Plata entró para asumir el gobierno. De aquí nació sin duda el dicho común, que de la plata exportada del Perú y de México podía hacerse un puente de este metal que uniese los dos hemisferios.

Nada de exagerado hay en estos juicios, si consideramos el siguiente cálculo hecho por viajantes científicos sobre documentos oficiales.

Las minas de Guanajuato, comprendiendo la Valenciana, suministraban a principios del siglo XIX 551.000 marcos de plata; las de Catorce, producían 400.000; las de Zacatecas de 356 a 402.000. Solamente la mina Valenciana en el punto de Guanajuato produjo inmediatamente, antes de la revolución, 630.000; el mineral de Lauricocha, pocos años después del establecimiento de las bombas de fuego, produjo 480.000 marcos; y la de Potosí, desde el año de 1585 hasta 1595, produjo 887 o 73 marcos. La cantidad total que dio este mineral desde su descubrimiento en 1545 hasta fines del siglo pasado, sin contar más que la plata, cuyos derechos fueron debidamente pagados, asciende a 575.000.000 de libras; y el producto de once años de 1545 a 1556, fue de 613.000.000. Así tenemos que un solo cerro del Perú pudo dar dos o tres veces más plata que todas las minas de México reunidas.

Bien se ve que en los anteriores resultados no se encuentran los de otras minas, que también fueron célebres, por su riqueza, tales como el Huantajaya en el departamento de Arequipa, el Lucanas en Ayacucho, o Micuipampa en La Libertad, y otros varios pertenecientes al Perú, sobre los cuales no hay documentos, ni son mencionados por alguno de los que escribieron sobre esta materia, como son el CAMANTY o Camantin, en los valles de Marcapata, el Huaillura, en los valles de Paucartambo, que producía un quintal de oro por día, y el Senca, situado al N. E. del Cuzco, al cual asegura la tradición que los incas le daban más valor que al Potosí.

Todas las minas de Europa, según documentos oficiales publicados, no produjeron más de aproximadamente 215.000.000 de marcos, mientras que solamente las minas del Perú, cuya plata se fundió en la Casa de la Moneda de Potosí, produjeron, hasta los días en que escribía M. Bompland la suma de 1.614.145.538 pesos fuertes.

La célebre mina de Salcedo, situada en el departamento de Puno, llamada así en honor al nombre de su primer propietario, fue tan extraordinariamente rica, que extendiéndose la fama de su nombre y la generosidad de su dueño, atrajo de todas partes mucha gente, que llegó para poblar el lugar helado, y antes solitario, de su explotación. Esta gente aumentó con el tiempo hasta formarse dos poderosos partidos que libraron sangrientas batallas, de las cuales la más célebre fue en las planicies de Laicacota, donde murió mucha gente de ambos bandos.

El conde de Lemos que en esa oportunidad era virrey del Perú, no pudiendo apaciguar esos tumultos con las varias órdenes que expidió, se vio en la necesidad de ir personalmente a la zona minera, donde en 1669 tomó muchos prisioneros que mandó inmediatamente ahorcar. El propietario Salcedo fue remitido a Lima, donde fue juzgado, condenado a muerte, y ejecutado, sin otro delito que sus riquezas que excitaban la envidia, y dieron origen a declaraciones de falsos testigos, siendo este el pago de la generosidad, con que a cualquier español pobre o desvalido, que a él acudía a pedir socorro, permitía entrar en la mina y sacar la cantidad de plata que pudiese extraer en tiempo determinado.

Las minas de Llaullicocha, en el mismo departamento de Puno, fueron también célebres por su riqueza; la iglesia matriz de la capital de aquel departamento, construida de piedra y en buen estilo, es un magnífico monumento de la piedad y opulencia de una señora, que hizo la promesa de levantar este edificio a un costo en proporción a la cantidad de plata que le produjesen aquellas minas de que era dueña.

El cerro de Huancavelica ha sido, y es aún una de las minas más ricas de azogue que hay sobre la tierra, una mina que comprende 41 colinas, interceptadas por vetas de las cuales una sola parte, llamada Santa Bárbara, la grande, dio cinco mil quintales de azogue por año, durante el espacio de dos siglos.

La magnificencia y profusión con que la naturaleza y el arte se habían esmerado en prodigar para adorno de los templos, fue una de las cosas que más admiraron los extranjeros: al entrar en éstos podía cualquiera considerarse transportado a los templos de Tyro y de Palmira; pero no hay un Volney, Tácito u otro que invocara sobre las márgenes del Rímac al genio de la Historia. Los altares, las andas, las mesas, los fontanales, estaban cubiertos de plata, enormes candelabros, estatuas de grandeza natural, columnatas, capiteles, los vasos sagrados, los cálices, las patenas, las custodias, eran de plata y de oro macizo, guarnecidos de preciosas piedras, de las más raras, y de incalculable valor. La ondulación de las cortinas de damasco, el perfume de deliciosos aromas, las voces bien afinadas del órgano, y el canto suave que a intervalos se dejaba percibir venida de los pájaros presos en jaulas de filigrana, sujetas por cadenas de plata maciza, formaban un conjunto de cosas, que dejaba asombrado al espectador. Aún existen hoy en la iglesia de N. S. del Rosario de Lima ocho jaulas de plata, sujetas por cadenas del mismo metal.

Esta magnificencia de aquellos días tranquilos era ofrecida casi con igual profusión a las comodidades de la vida privada; por ese entonces aún no se conocían la loza y el cristal; los servicios de mesa, los candelabros, los vasos, los lavatorios, los perfumadores, etc., eran de plata maciza elegantemente labrada por los artistas del país. Había casas en que la vajilla era de oro, y las de plata eran tan comunes, entonces, como son hoy las de loza.

En las reuniones públicas, en los días de etiqueta, en las grandes funciones y fiestas, se presentaban las damas peruanas ataviadas de tal modo con perlas y brillantes, que tan solo una de las que usaban en el cuerpo, actualmente sería suficiente para constituir una fortuna familiar. Era tal la abundancia de estas joyas, y tal el desinterés con que las miraban los peruanos, que en ciertas ocasiones para adornar vírgenes o novias, se prestaban cofres de perlas sin ningún tipo de seguridad. Una novia de la alta esfera, y una de la clase media, se presentaban el día de la boda con joyas cuyo valor era incalculable, y en los grandes bailes, que duraban varias noches era ella un Sol que deslumbraba la vista con el brillo de sus rayos multiplicados por mil luces. El día del besamanos de Jorge IV se vio bajar en las puertas del palacio de S. James de uno de los coches que allí se juntaban, a cierta duquesa, cuyas joyas repartidas por todo el cuerpo se calculaban en 13.000.000 de pesos, describiendo los redactores de Times esta ostentación con los más vivos colores. Lástima que en el Perú no hayan existido escritores entusiastas, como en Inglaterra, que nos transmitieran el antiguo lujo de las damas del Rímac y del Cuzco.

La moneda de oro y plata circulaba por todo el estado; descendiendo de las más altas clases hasta las más bajas, volvía de éstas a aquéllas por una proporción de necesidades mutuas.

Las transacciones comerciales se hacían al contado, siendo casi desconocido el crédito, en que se funda hoy el eje del comercio de las naciones; sin embargo, cuando alguna persona necesitaba dinero, aun tratándose de cantidades fuertes, no tenía más trabajo que pedirlo a algún amigo o conocido para obtenerlo de inmediato, sin documentos ni otro tipo de seguridades. El doctor Archibald Smith, que visitó Lima después de la guerra de la independencia, atribuye esta rara franqueza únicamente a la integridad de los primeros españoles que se establecieron en el Perú, sin concederle su parte a la abundancia de dinero de este país; sin duda olvida él que la época de la prosperidad de las naciones ha sido la de la integridad de sus costumbres; y que la era de su miseria es la de la corrupción en ellas introducida. La existencia de algunos hombres de probidad en medio de pueblos pobres y abatidos no es más que una excepción a la regla general en la condición de las sociedades humanas.

El precio de los géneros indígenas y extranjeros era excesivamente alto, no solo por causa del sistema de administración colonial sino también por efecto de esa misma abundancia de numerario. Una vara de tela que hoy vale 8 o 6 pesos, valía entonces treinta; y un libro que hoy cuesta 10 pesos, se compraba en aquellos tiempos por ochenta o cien. De aquí la facilidad de los comerciantes para hacer fortuna en pocos años. No hace mucho murió en el Cuzco cierta persona que adquirió 4.000 pesos vendiendo únicamente aguas, y con esta cantidad empleada en libros en el mercado de Cádiz, aumentó su capital a casi medio millón de pesos.

En las fiestas, juegos públicos y bailes, se apreciaba la abundancia de dinero, así como el desprecio que le demostraban los peruanos. Las jaranas y fandangos, en que la airosa y simpática americana solía ejecutar su danza favorita de la tierra haciendo lucir, en medio de una sociedad seleccionada, la flexibilidad de sus delicados pies, el donaire de sus movimientos, y la graciosa expresión de su fisonomía animada por la alegría, y todo vivificado por el brillo de los diamantes, y de las luces, eran un espectáculo digno de un pintor histórico de costumbres, como Walter Scott, o de un observador penetrativo como Moliere. Al fin de cada danza acostumbraban los enamorados y admiradores de la doncella lanzar a sus pies puñados de plata acuñada, que inmediatamente levantaba un grupo de criados, que presenciaban la fiesta apiñados en la puerta.

El carnaval de Venecia ha sido célebre por la variedad de los contrastes, la viveza de las representaciones cómicas, y la loca algarabía de los juegos; si un escritor ameno contase las CARNESTOLENDAS del Cuzco en sus días de opulencia con todas sus circunstancias, sorprendería la curiosidad y excitaría la admiración, aun en este siglo en que todo parece haber sido escudriñado y en que todo el mundo solo va tras de lo positivo, la utilidad. Las ventanas de la amplia calle, que se extiende del Norte de la Plaza del Regocijo, de aquella ciudad, hasta la base del cerro de Picho, se veían llenas, durante las tardes del carnaval, de señoras de todas las esferas, magnífica y elegantemente vestidas de verano, formando con la variedad, forma y colores de sus vestidos una especie de jardín, o una calle de flores. Las faldas del Picho que dominan la ciudad eran también de tal suerte cubiertas por un inmenso pueblo vestido de blanco, ya sea en grupos al aire libre, o bajo tiendas de campaña del mismo color, que visto de lejos tenía este cerro volcánico el aspecto de una alta colina de nieve.

En las tardes del carnaval era cien veces recorrida esta calle por hombres montados a caballo, divididos en varios grupos de diferentes banderas, vestimentas, y bandas de música en cada pasada lanzaban a las ventanas de ambos lados polvos preparados, huevos llenos de agua perfumada, mezclada con pesetas y reales nuevos, que llevaban en bolsas sujetas a las grupas de sus caballos; las damas respondían de sus ventanas a esta salva con iguales elementos de guerra, resultando de este conjunto una extravagante profusión, que cubría el suelo de polvillos y dinero, llenando el aire de perfumes.

En las procesiones religiosas, y fiestas reales, se veían las calles y plazas principales de tránsito llenas de una infinidad de danzarines, con libreas bordadas en plata, tan enormes y pesadas, que no se sabía que admirar más, si la riqueza de aquellos tiempos, o si la robustez y fuerza de los aborígenes, que cargaban tanto peso en el cuerpo, por todo un día, sin fatigarse.

En el juego era donde más aparecía la abundancia del dinero. Este vicio que por su propia naturaleza y sus funestas consecuencias, parece ser contrario a todos los principios de la decencia y de la moral, se encontraba decorado de una tal magia, y una profusión caballeresca, que haciendo olvidar su inmoralidad, servía tan solo para mostrar la opulencia del Perú, en aquellos períodos de tranquilidad. En amplios salones, ricamente adornados, jugábamos dados sobre mesas disformes alumbradas por candelabros de plata y oro macizo, cuyas luces se reflejaban en los altos de onzas y pesos, que giraban con velocidad ante los jugadores. Mientras duraba la escena no se veía en ningún semblante expresión de pesar o de agitación; se perdían grandes sumas con admirable serenidad. El fragante habano y las copas de jerez y otros vinos generosos, mezclados con vasijas de mate y chocolate, indemnizaban las más grandes pérdidas. Cuando terminaba la función, se retiraban los hombres de la casa de juego como de un lugar en el que se habían reunido para prestarse mutuas atenciones de aprecio. En estas ocasiones solo los TRECEROS y BARATEROS salían cargados de oro y plata.

Confirmando lo que hemos dicho, citaremos el siguiente hecho interesante y extraño a la vez, que demuestra hasta donde iba el lujo en el juego, nacido de la abundancia del dinero, que no se sabía en qué emplear, y también la extravagancia de los peruanos. Don José Baquíjano y Carrillo, miembro de la Sociedad Literaria de Lima, en época del virrey Abascal, uno de los personajes más ilustres de aquella capital por sus conocimientos y su noble cuna, acostumbraba jugar grandes partidas de dados, leyendo un libro, a cuyo asunto se entregaba por entero como si estuviera solo en su gabinete, y como si sus sentidos estuvieran ajenos a todos los objetos que lo rodeaban. Un dependiente, un celador, que tenía al lado, era el encargado de las cobranzas y de los pagos, no haciendo otra cosa el interesado que lanzar los dados y hacer las apuestas, cuando llegaba su turno. Ni el retintín de las onzas y pesos fuertes, ni la voz de los jugadores lo distraían de su lectura. La última vez que jugó, no teniendo ya dinero en efectivo para hacer sus apuestas, aventuró una de sus haciendas avaluada en 200.000 pesos, la cual perdió, como si hubiera perdido algún REAL DE VELLÓN. Este sujeto existió dos o tres años antes de la guerra de la independencia, y algunos de sus contemporáneos testigos oculares de sus juegos extravagantes existen hoy; don Manuel Salazar y Baquíjano, primer vicepresidente constitucional del Perú, destituido del mando por el general La Fuente, era su pariente cercano.

Tal vez no exista en el mundo un lugar donde la abundancia de dinero y la falta de grandes y combinados objetos de una industria creadora haya hecho que el juego se convirtiera en una profesión y en un espectáculo público, como en la celebrada feria de Vilque. En las planicies del departamento de Puno, a 7 leguas del Lago Titicaca, hay un lugar que lleva este nombre, y que cuenta con una población de 300 a 400 almas. La tradición trasmitió la creencia de que en este lugar apareciera milagrosamente una imagen de N. Señor Jesucristo, verdaderamente admirable por su hermosura y sus milagros. Para solemnizar este acontecimiento, reuníanse por la Pascua del Espíritu Santo algunos peregrinos, llegados de los más remotos lugares del virreinato; con el tiempo fue aumentando la concurrencia, y en proporción se fueron también desviando los devotos de su primer objetivo, hasta convertir el lugar sagrado en una plaza de comercio, que se abría una vez por año, durante ocho días. Aumentó después tanto esta concurrencia, que el pequeño pueblo llegó de pronto a contar con una población de 100.000 almas; y la plaza donde antes solamente se vendían toscos tejidos indígenas, manteca de vaca, quesos, y carne salada, cubríase en un instante de todas las producciones de la tierra, y convertíase en una ciudad temporal, para así decir, donde se reunían los comerciantes de Lima, Cuzco, Arequipa, La Paz, Tacna, Chuquisaca, Buenos Aires, y todas las demás ciudades principales de Colombia, de las provincias del Río de La Plata, y del bajo y alto Perú. Pero como el tiempo muda todas las cosas, y como el mundo físico y moral no es más que una serie de revoluciones; ya no eran los devotos peregrinos que llegaban para adorar al Señor de Vilque, ni eran los comerciantes que allí iban para vender los productos de su país y aumentar los medios de su felicidad, y si los jugadores que afluían cargados de oro y plata para aventurar sus fortunas, y las de sus familias. El lugar santo pasó a plaza de comercio, y de plaza de comercio a casa de juego; a ella concurrían los curas de todas las parroquias del virreinato; se veían allí generales, intendentes, gobernadores, subdelegados, chantres, vicarios, deanes, contadores, tesoreros, etc. Había más de cien casas, donde toda esta gente jugaba día y noche, por espacio de una semana; era tanta la abundancia del dinero, que en esa ocasión, los pagos y las cobranzas se hacían en las copas de los sombreros para no perder tiempo en contarlo. Existen aún infinitos testigos de este cuadro de corrupción y de grandeza, y no hacen veinte años que el pueblo de Vilque volvió a su estado primitivo.

La magnificencia y riqueza, que se ostentaba en las corridas de toros, de los cuales nos dejó el doctor Ignacio de Castro un eterno recuerdo en su obra intitulada «Fiestas reales del Cuzco», solo pueden ser comparados a los tiempos de la antigüedad romana. La plaza favorita del regocijo, donde se realizaba la corrida, y sobre la cual opinaremos en la descripción de aquella ciudad, cubríase de animales raros, traídos a gran costo de las partes más remotas del departamento, figurando entre ellos el soberbio cóndor, hecho cautivo sobre los picos nevados de los Andes. Los toros salían al combate tan ricamente adornados que deslumbraba mirarlos; unos venían vestidos de tisú de oro y otros de seda magnífica, unos eran cubiertos de pesos y onzas, otros traían sobre el lomo jaeces de oro y plata maciza, siendo del mismo metal las chapas y banderolas. Los toreadores salían vestidos con el mismo lujo; y sus ganancias en cada una de estas funciones eran tan altas, que además de recibir por día, y del derecho que tenían de llevarse los jaeces, recibían por cada suerte una lluvia de dinero, que los espectadores les arrojaban sobre sus capas en proporción a su categoría. Cada día de éstos espectáculos se hacía a costa de un solo individuo, el subdelegado o el pretendiente a algún empleo. Eran éstos los Cresos peruanos.

En la corrida de la mañana, llamada vulgarmente ENTRADA, una brillante comitiva de caballeros, entre los cuales se encontraban algunas autoridades civiles y militares, comenzaba la función dando una vuelta en torno del TABLADO, montando caballos ricamente enjaezados. Concluida esta ceremonia, algo semejante a la que precedía los torneos de la edad media, el subdelegado, bajo cuya expensa y dirección se hacía la función, se dirigía solo al palco del gobierno, y apeándose de su caballo subía las gradas cubiertas de terciopelo carmesí, y con aire y cortesía musulmana, presentaba al presidente o intendente del departamento una enorme llave de oro macizo, incrustada de brillantes, y trabajada con todo el primor del arte, la cual generalmente él mandaba de regalo en este acto, a alguna dama favorita que se hallaba en la función. En la corrida de la tarde se daba inicio a la función despejando la plaza. Una compañía escogida de granaderos, vestidos de gala para la gran parada, hacía evoluciones al son de música marcial, demostrando, durante una hora, toda la destreza y elegancia de la disciplina militar; en algunas descargas soltaban hermosas palomas, que con color de alabastro, y los pies atados con cintas de nácar iban a embellecer la parte alta de los tablados, o aumentar, por un instante, el matiz de los colores que lucían las damas en sus trajes; y finalmente se retiraban dejando sobre la plaza emblemas, letras, y toda clase de figuras, formadas con flores y pesetas.

Durante el espectáculo se veía en los palcos un lujo verdaderamente asiático; allí las frutas más delicadas, los refrescos más deliciosos, los licores más suaves, los aromas más costosos, la sidra espumosa, los helados, y la olorosa malvasía, llenaban las copas con profusión. Era esta una de las ocasiones en que los enamorados debían hacer alarde, ante los ojos de sus amantes, de su generosidad y procedimiento caballeresco.

Los cofres nacionales se hallaban siempre llenos de fondos, además de los que anualmente se remitían a la metrópoli. Los empleados públicos eran puntualmente remunerados por sus servicios; y los sueldos eran tan cuantiosos, proporcionalmente a la categoría de los empleados, que además de dejarles lo necesario para vivir con decencia, y hasta con lujo, eran suficientes los restos para formar en pocos años una gran fortuna. El rey, y el arzobispo de Lima, tenían cada uno 100.000 pesos de sueldo anual, y en esta proporción estaban los demás funcionarios públicos.

La alegría, la tranquilidad de corazón, el buen humor, eran consecuencia de esta abundancia de medios para adquirir los gozos de la vida. En el interior de las casas más humildes se veía la sonrisa de satisfacción, y en las cuadras de los más afortunados, se veían en magníficos espejos, multiplicados los grupos de semblantes felices, contentos tanto unos como los otros.

Tal era el estado del Perú, con respecto a la riqueza metálica y numeraria, en la época anterior a su independencia.

Capítulo II. Aspectos físicos del Perú, clima, localidades y producción

Dar una idea adecuada de ese inmenso y magnífico país, que forma el territorio peruano, sería tan difícil como hacer una estadística de él, puesto que las varias provincias que lo componen, son diferentes en producciones, costumbres, clima y genio de sus habitantes. No obstante, siendo necesario ocuparse de la agricultura y del comercio de aquel país, de acuerdo con el capítulo previo, haremos sin la pretensión de cumplir una descripción geográfica en el sentido de la palabra, algunas observaciones sobre su situación general, aspecto físico y ventajas locales.

El Perú se encuentra entre los 69 y 84 grados de longitud occidental y entre el 3° y 22° de latitud austral, tiene 350 leguas de extensión y 200 de ancho, comprendiendo 78.000 leguas cuadradas. Puede ser considerado bajo tres grandes divisiones —la parte litoral, sobre cuya curva están las provincias marítimas— las cordilleras de los Andes y los valles y campos.

La costa consiste en un inmenso desierto de arena de quinientas leguas de extensión y cincuenta de ancho, según la aproximación o separación de las diversas ramificaciones de los Andes con la costa del Pacífico. Los ríos y vertientes que interceptan el vasto territorio rara vez se encuentran a menos de veinte y más de ochenta millas de distancia unos con otros; y sus estrechas márgenes están pobladas en proporción a la cantidad de agua que éstos suministran. Es un desierto donde nunca llueve, nunca crece una hoja, y donde nunca se ven pájaros, ni animales, ni reptiles. Si alguna vez se encuentra un arroyuelo de agua en algún lugar afortunado, piérdese luego dentro del espacio de cien varas. Nadie que no sea natural del país, puede viajar de un valle a otro sin llevar un buen guía, pues la única señal que se encuentra de que el arenal ha sido pisado, son los huesos amontonados de las bestias de carga que allí murieron. Frecuentemente con el viento se levanta la arena en densos e inmensos remolinos que ciegan la vista del viajante. Muchas veces los guías, aun los más experimentados, se pierden en este océano de arena. Entonces el terror se apodera de los viajantes y los deja en un estado de demencia y a no ser que vuelvan a encontrar el camino por casualidad, o que distingan otros caminantes en el horizonte, perecerán infaliblemente, sin que de su destino se pueda saber más de lo que se conoce sobre un barco perdido en alta mar. Cualquier viento es suficiente para borrar las huellas de un batallón de soldados. Toda descripción que no vaya acompañada de una relación de hechos, no podrá sino dar una ligera idea de los horrores de este desierto. Estas regiones podrían con propiedad llamarse la morada de los réprobos que Virgilio describiera en terribles colores. El panorama de esta parte del Perú, como de la mayor parte de las costas del Pacífico, motivó la melancólica pintura que algunos de los primeros viajeros hicieron de América; y aludiendo a ellos es que el doctor Unanue, se expresa así: la terrible descripción que algunos escritores ultramontanos hicieron de América, de ningún modo es aplicable al Perú y solo se puede considerar como obra de su imaginación. ¿Dónde, en verdad podrían haber hallado esas negras tintas con las que hicieron la pintura de estas afortunadas regiones bajo un aspecto tan triste, como otros tantos lugares de la creación negados a las bendiciones de la Providencia como la miserable morada de las serpientes, de los cocodrilos y monstruos venenosos?

Quale portentum neque militaris
Daunia in alit sceuletis,
Nec Tubae tellus generat leonum
Arida nutrix.

Pero, a la par de estas áridas y abrasadoras regiones se levantan los Andes que en sus senos encierran las tierras más fértiles y ofrecen los climas más deliciosos.

Las cordilleras de estos Andes, debo decir, de los Andes del Perú, ofrecen las montañas más elevadas del mundo; las masas que las constituyen son las más sólidas y pesadas, y son ellas las que mantienen el equilibrio del globo.

Sus cimas, cubiertas de una nieve tan antigua como el mundo, interceptan las nubes que se descargan sobre las regiones montañosas al estrépito de un espantoso rayo, mientras que en la proximidad del mar no cae una sola gota de agua que humedezca su abrasador suelo; y sus flancos encierran volcanes que vomitan constantemente lava y fuego sobre esta región donde reina un perpetuo invierno. Las producciones minerales y agrícolas siguen en estos montes las mismas graduaciones: a cincuenta toesas de altura comienza la zona de oro, a sesenta la de plata, y al cobre y fierro corresponden las extremidades. La temperatura del aire va con la misma armonía: a 400 toesas de altura, se respira un aire fresco, que sin embargo no es templado; a 600, se encuentra una atmósfera templada; a las 900 principia el clima europeo, y de 1.000 hasta las 1.400 se encuentra el mismo clima; más arriba, están los lugares despoblados y frígidos, y después las nieves, donde perece el extranjero amortecido por el frío, lo que no sucede con el indio. Es un fenómeno muy extraño ver a éste pasar por todas aquellas graduaciones en un mismo día, sin el menor sufrimiento o verlo pasar de las costas de África central a las regiones glaciales de Laponia, pasaje sin peligro, porque no es repentino de un extremo a otro, y porque el hombre es señor de mudar de clima conforme a las necesidades y a la fuerza de su constitución.

Los valles se encuentran en el seno de la cordillera central y ofrecen el espectáculo más sugestivo y pasmoso entre las escenas majestuosas y variadas que presentan los Andes: solo pueden ser vistos por entero a una gran distancia desde la inmensa altura de las montañas, y después de haberse colocado en las planicies que se extienden desde los flancos hasta las bases de la cordillera central. Estos valles son más estrechos y profundos que los valles de los Alpes, y esta profundidad sería suficiente para contener el Vesuvio y el Puy-de-Döme, sin que sus cimas sobresaliesen entre las cumbres de los montes vecinos.

El magnífico y majestuoso aspecto de estas regiones inspiró en algunos viajeros esos pensamientos elevados y les facilitó esos fuertes coloridos con que, de algún modo, nos presentaron el cuadro aproximado de ellas. He aquí algunos de esos cuadros.

«La naturaleza, dice uno de ellos, parece envuelta en un silencio misterioso; su mano poderosa está preparada para dar la última perfección al globo y para determinar su equilibrio, formando dos mundos distintos en un solo continente. Parecería que, después de haberse ejercitado sobre los candentes arenales de África, sobre los frondosos y fragantes bosques de Asia, y sobre los climas templados y más frígidos de Europa, quiso en el Perú reunir todas las producciones que negara a aquellas partes, y descansar en él, majestuosamente rodeado de cada una de ellas.»

Otro escritor igualmente célebre se expresa en los siguientes términos:

«Al subir las ásperas y espantosas montañas que dominan el mar del sur, no sería posible concebir que sobre sus hombros se levantasen otras de igual tamaño, y que todas ellas contribuyesen para resguardar, templar y fertilizar este dichoso país, donde la naturaleza en la hora de su mayor generosidad, o mejor de su prodigalidad, pintó la imagen del paraíso terrestre.»

El sabio Humboldt, que describió América con tanta profundidad y erudición, nos presenta al vivo las impresiones que recibió en las faldas de los Andes del Perú en la siguiente expresión feliz:

«Cuando un viajero, recién llegado de Europa, penetra por la primera vez en los bosques de la América del Sur, la naturaleza se le presenta bajo un aspecto inesperado. A cada paso éste siente que si bien no se encuentra en los confines, se halla sí en el centro de la zona tórrida; no en una de las islas de la India Occidental, y si en un vasto continente, donde todo es gigantesco —montes-ríos-vegetación—. Si se sienten con viveza las bellezas de los paisajes pintorescos, apenas si se pueden definir las muchas sensaciones que se juntan en la mente, ya que es difícil distinguir que es lo que más excita la admiración, si el profundo silencio de estas soledades, si la belleza y el contraste de las formas, o la frescura y vigor de la vida vegetal que caracteriza el clima de los trópicos.»

Estos rasgos elocuentes servirán para dar una idea de la grandeza y belleza física del Perú, entretanto, para que fuera cabal esta idea, sería menester que el hombre hubiera vivido en él y que por los sentidos le hubieran pasado las escenas de sus paisajes, bien como los grupos gigantescos de sus sierras; sería preciso situarse entre sus valles, sus desfiladeros y sus vegetales, caminar por las márgenes de sus lagos y por las riberas de sus ríos, sentarse sobre sus colinas y ver pasar los rebaños de llamas y de pacos, y los indios zagales entre ellos haciendo repetir al eco mil gritos de alegría; sería menester trepar sobre las montañas y colocarse como don Jorge Juan y don Antonio de Ulloa sobre la cima del Pichincha, viendo cruzar a sus pies los rayos y tronar las tempestades, y desmoronarse y rodar los enormes fragmentos de hielo y nieve; sería preciso, en fin, situarse sobre sus fuentes como Dupaty, si bien no para rememorar las lágrimas que sobre el Vanclusa derramaron Laura y Petrarca, al menos para buscar los vestigios de los infortunios del amor que sobre el Colqui-cocha sepultó alguna vestal peruana. Y aún después de todo esto, sería menester exclamar como Klopstock: «¡Qué sublime imagen de la creación presentan estos sitios! Todo el poder de la descripción se confunde aquí; ¡semejantes cosas solo pueden ser vistas, oídas y contempladas! No tengo expresiones con qué describir mis sentimientos; lo que solamente puedo es pensar en los que están ausentes; es tener el deseo de reunirlos a todos en un círculo y con ellos permanecer aquí para siempre».

Lanzándose pues una mirada atenta y penetrante desde las bases hasta la cumbre de los Andes, observándose atentamente sus faldas, sus pendientes, y sus picos, descendiendo de allí para sus campiñas, sus valles y sus desamparadas pampas que se encuentran entre los grandes espacios que forman sus ramificaciones, extendiéndose en varias direcciones, abarcándose, en una palabra, todas las localidades y todos los lugares que forman el gran conjunto del territorio peruano, es cuando se puede formar un juicio de la prodigalidad con que el autor de la naturaleza derramó sus dones sobre esta parte del mundo, y de la sabiduría con que a cada una de las regiones que la forman dispensó las producciones que más adecuadas eran para la subsistencia y para la dicha del hombre.

Las cordilleras de los Andes se dividen en tierras cálidas, templadas y frías, en lugares inhabitados y muy frígidos y en nieves. En los lugares despoblados y muy frígidos, parece que debería extinguirse la vegetación, sin embargo, están cubiertos de pastos tan ricos y tan abundantes como las planicies de Rusia, y en ellos se encuentran pueblos pastores, situados la mayoría de las veces a una altura de dos mil toesas sobre el nivel del mar, y algunas veces en situaciones tan elevadas como el Pico de Tenerife. El mismo rigor del frío que reina en estos parajes es una circunstancia favorable a la vida de la vegetación de los demás lugares del país, porque los vientos calientes de los valles se purifican en aquellos y descienden a éstos como vientos suaves y frescos, mientras que por sus costados se deslizan los copiosos arroyos que fertilizan la tierra. La tímida vicuña y el veloz huanaco habitan también en estos parajes, ofreciendo al indio sus distracciones y sus pasatiempos, que no envidian a los de las grandes capitales; y el llama y el paco cargan sus bienes por entre los estrechos vestigios de camino que sobre ellos se ven apenas estampados. No es posible ver estos lugares y estos animales sin sentir emociones enteramente nuevas para el alma y distintas de las que produce una mirada a los de cualquier otra parte del mundo. El pescuezo largo y erguido del llama y del paco, sus ojos llenos y expresivos, el hermoso grupo que les adorna la frente a manera de penacho, el aire de dignidad con que miran a su alrededor, y el paso acompasado y solemne con que marchan al igual que tropas disciplinadas, unido todo al melancólico silencio en que caminan, interrumpido tan solo por el patético acento de la quena o por la agitación del aire surcado por algún cóndor, forman en conjunto, un cuadro tan particular y asombroso, que nunca puede ser olvidado. ¡Escenas dignas de una alma melancólica! ¡asuntos dignos del pincel de Rafael! ¡lugares dignos de libertad, sin embargo hoy oscurecidos por el humo del fusil homicida!

Al lado de los lugares inhabitados están las tierras frías. Por entre la primera cordillera de montañas, que son como los puntales destinados a sustentar el arco prodigioso de los Andes, y por entre los barrancos abiertos por las lluvias en su bajada, encuentra el hombre peldaños que le ayudan a subir a estas alturas. También los arroyos y torrentes, al mismo tiempo que fertilizan la tierra, le ofrecen sendas que nunca habrían podido abrir todos sus esfuerzos.

Aquí se encuentran hermosos valles que la naturaleza colocó de distancia en distancia, y que se complació en embellecer con tanta profusión: los habita un pueblo agrícola, que siembra y cosecha las semillas que le dio Europa, y donde se multiplican los animales domésticos de todo género; allí pastan millares de ovejas y de cabras al lado de las plantaciones de trigo, de cebada y de papas. Estas chozas de paja, diseminadas aquí y allí, estos pesebres románticos construidos ya sobre un declive o sobre un terreno desigual, estos mil arroyos de agua de nieve que se precipitan y se cruzan en varias direcciones, estas palizadas, estas rocas, estas flores silvestres, estos rastros de pastores confundidos con las pisadas de animales, forman una escena tan interesante para un corazón sosegado, que puede éste apenas recordar otros placeres y otros lugares. «Cuando alguien vivió —dice el Barón de Humboldt—, durante algunos años en estas faldas elevadas donde el barómetro se mantiene en 0m o 2-0 pulgadas de altura, siente una ilusión extraordinaria que lo hace olvidar poco a poco todo cuanto lo rodea: estos parajes animados por la industria de un pueblo montañés, estos pastos cubiertos por llamas y ovejas, estos pastores adornados de HAIAS vivas de DURANTA y de BADANESIA, estos campos cultivados con esmero donde se cosechan ricos y abundantes cereales, todo esto hace al hombre olvidar que se encuentra en las altas regiones de la atmósfera; apenas si recuerda que el suelo que habita está más alto de las costas del Pacífico que la cumbre del Caingou del Mediterráneo.

»De las tierras frías se entra en las templadas. El trigo, la cebada, la quina, todos los frutos de Europa, la oca, la arveja y el maíz, compañero inseparable del indio donde quiera que éste se encuentre, produce esta región, en la cual, en un clima igualmente distante de los extremos y en una temperatura suave, se gozan durante todo el año las delicias y comodidades de la vida. Aquí, se ve la tierra perpetuamente cubierta de hierbas y flores, los campos llenos de mieses, los árboles cargados de frutas, la multiplicación de los rebaños sin necesitar de los cuidados del hombre para aumentar, ni de su techo para resistir las inclemencias del tiempo. La bella pintura que Virgilio hizo de Italia, y más aún la de la celestial Jerusalem de la Escritura, son la copia de estas afortunadas regiones donde reina una eterna primavera. A un lado está el verde valle, al otro la quebrada profunda; en una parte la frondosa arboleda, en la otra la amplia, rica y deslumbrante llanura: las ideas asociadas de paz y de tranquila felicidad, de salud y de industria que en el alma excitan estas cosas, la alejan de tal modo de los pensamientos muy elevados y la llevan con tal magia hasta estas escenas terrestres, que la tierra parece el cielo.»

De las tierras templadas se llega al fin a las tierras cálidas; y fue aquí que la naturaleza tomó toda su fuerza y ostentó todo su esplendor. Bosques densos, vastas planicies que se extienden hacia el Oriente en diversas direcciones, llanuras y quebradas atravesadas por majestuosos ríos, cautivos en sus álveos durante seis meses e inundando las cercanías durante los otros seis, ofrecen una vegetación infinitamente vigorosa, gigantesca y variada en sus formas y en sus producciones. En la parte más profunda, cuanto más inflamados son los valles por los ardores del Sol y cuanto más inundados, al mismo tiempo, por los aguaceros y por las torrentes que de los Andes se precipitan, tanto más frondosos y vastos son los bosques que los adornan y tanto más abundantes y sazonados los frutos que producen; en las partes más elevadas, el aire embalsamado por las aromáticas y suaves exhalaciones de las plantas deleitan los sentidos y hacen sentirse al hombre transportado a Europa.

Las producciones más propias para el comercio y para la industria, los cereales más nutritivos, los frutos más sabrosos, las maderas más finas y los aromas más delicados y fragantes se multiplican con profusión y casi espontáneamente en estas dichosas regiones. El cacao, el café, el algodón, el nopal cargado de cochinilla, el arroz, la caña, el maíz, la yuca, los frijoles, la chirimoya, el limón, la papaya, la palta, la naranja, la cidra, el tamarindo, el plátano, y otras mil frutas apreciables por su sabor y por sus usos medicinales, por el lujo de sus hojas y por la fragancia de su olor; el bálsamo, el incienso, el nopal de muchas especies, la tecamaca, el abeto, el ámbar líquido, la acacia o goma-arábiga y otras resinas; el cedro, el pino, la chonta, el zumbaillo, de mil clases, el jacarandá y una infinidad de maderas superiores por sus tintas, por su belleza y por su solidez; todas estas son las producciones de tierras ardientes, que bien podrían llamarse los Campos Elíseos de este mundo.

Si las sublimes escenas de los Andes exaltan el alma y la imaginación de los que tienen la facultad o el hábito de reflexión, la frescura y lozanía de estos valles y el encanto indefinible que derraman en torno de quien las contempla, mientras camina bajo sus frescas sombras, causan también en el corazón emociones deliciosas e inexplicables. No hay imagen que pueda representar la semejanza de estas escenas fugitivas y mágicas que pasan y varían ante los ojos, al rayar la aurora, a la salida del Sol, al mediodía, en la tarde, durante el crepúsculo, y a la luz de las estrellas; se diría que Tasso, al hacer la descripción del palacio encantado de Armida, había soñado, en sus delirios, con la presencia de estos sitios. No está, sin embargo, aquí el término de las creaciones de la naturaleza: en el interior de estas regiones, existen lugares más sublimes, más grandiosos, donde aún no llegaron las profanaciones de la tiranía. ¡Ah! como el dolor profundo hace olvidar la realidad de este mundo, también allí, morada del tigre y del salvaje, se derramaron lágrimas por la patria, y la espada de la venganza persiguió a más de una víctima!

En el interior de estas regiones están, por lo tanto, los grandes valles donde vive el hombre en contacto con la naturaleza: por entre sus bosques vírgenes y por las márgenes de sus ríos, que aún no fueron surcadas por las naves del hombre civilizado, vaga el salvaje desnudo o semicubierto de un tosco sayo. El zumbido de una flecha disparada, el sordo murmullo de un río, el silbido de una serpiente, el maullido terrible de una onza, el estrépito confuso de una carreta, es todo lo que se escucha. Algunas huellas imperceptibles, alguna espesura abierta, alguna rama quebrada, conducen a la morada del ANTI o del CHONTAQUIRO, tan ocultas entre el ramaje y la amplitud del bosque, que, sin estas señales, imposible sería para el propio salvaje encontrarlas. Hay ahí adentro chozas cubiertas de hojas de palmeras que, entre platanales gigantescos, abrigan numerosas familias de atletas sobre cuyos músculos flexibles y sobre cuyas marcadas venas se ven la juventud y la vida. ¡Sitios solemnes! ¡sombras venerables! los bosques descritos por César, Tácito y Marcelino, no pueden tener sino una débil semejanza con estas sublimes soledades, donde el Sol de día y la Luna y las estrellas de noche limitan la mirada y cuya vista imprime en el alma una melancolía indescriptible.

> Mark the sable woods
> That shade sublime your mountains nodding brow
> With what religious awe the solemn scene.
> Cominands your steps!

Si hacemos una comparación entre la fertilidad del suelo de Europa y el suelo peruano, debe decididamente darse la preferencia al segundo, aún cuando solo se juzgue por las frutas originales que puede ostentar cada uno de estos países. Los árboles en el Perú son sumamente elevados y frondosos, sus frutas variadas, nutritivas y numerosas, mientras que Italia, que se considera como el jardín de Europa, en un principio solo tenía bellotas, siendo exóticas todas las demás frutas. Solo la India y el Brasil pueden ser comparados con el Perú, en sus producciones, y no obstante la UNUELA, la UVILLA, la CHIRIMOYA y el IMPERIAL, solo se reproducen en ciertos lugares del Perú.

Entre las maderas, se encuentran también las más raras y superiores en el interior del Perú, especialmente en la parte que limita con el territorio del Brasil. Y si Cortez fue acusado ante Carlos V de haber empleado en la construcción del palacio de México 7.000 vigas de cedro, y si se justificó respondiendo que era la madera común del país, la misma acusación se puede hacer a los Conivos y a los Setevos, y la misma disculpa deben dar estos habitantes del Ucayali que consumen por año mayor cantidad de esta madera en la construcción de sus canoas.

No es menos rico el Perú en la abundancia y variedad de sus producciones en el reino animal. Aún cuando el conde de Buffon solamente da al Nuevo Mundo 70 de las 200 especies de cuadrúpedos que enumera en su historia natural, una observación más exacta de este continente demostró que tanto el autor como su copiante pueden con justicia ser acusados de inexactitud y de liviandad. Un escritor moderno, que tuvo enorme trabajo para poner en orden la confusión en que incurrió Buffon en esta parte, reconoce en su catálogo 182 especies, además de 40 que fueron desconocidas por aquel naturalista, sin contar con las que fueron llevadas a Europa. Pero, limitándonos al Perú, del cual nos ocupamos, es tanta la variedad de sus animales y tan peregrina su belleza, que la descripción de éstos ocuparía un lugar muy extenso y ajeno de este bosquejo.

Tal vez no exista lugar en el mundo donde se esmerase mas la naturaleza en ostentar creaciones más singulares y más útiles a la vida del hombre que en el Perú. ¿En qué otra parte se encuentra la vicuña, cuya lana maravillosa dio, en los ensayos que últimamente se hicieron en Inglaterra y Francia, el tejido más fino, el más vistoso y el más durable al mismo tiempo? ¿En qué otra parte se produce la CASCARILLA CALISAYA, de la cual se extrae el espíritu de quina, único y universal remedio para las fiebres intermitentes, y que por eso tiene tanto precio y tanta extracción para Europa? ¿En qué otra parte se encuentra aquel antídoto tan eficaz para el veneno animal, como la GUACA? ¿En qué clima, finalmente, se encuentra la COCA, esta hoja inestimable que sirve al mismo tiempo para saciar el hambre y la sed y para dar vigor y fortaleza en los trabajos más penosos y en las regiones más mortíferas? Si hoy no se vuelven para el Perú las miradas del mundo civilizado, es porque aún en este siglo, en que tantos progresos han hecho las ciencias, no se tiene una idea completa de su importancia, habiendo sido esto la causa de las conmociones que lo hunden en la miseria.

As a region all unknown
Having treasures of its own

More remote from public view
Than the bowels of Peru.

Capítulo III. Industria

El sistema de la administración colonial de España, basado en el principio exclusivo de aumentar y eternizar la opulencia peninsular, dejó tan poca o ninguna libertad a las Américas, que no solo impidió el progreso de la verdadera prosperidad de estos países, sino también destruyó virtualmente, durante los dos primeros siglos de su influencia, todas las facultades activas de sus habitantes. Entretanto, la naturaleza que al final triunfa sobre el poder convencional de las instituciones que la contrarían, hizo que el ingenio, cuya misión es caminar por una senda progresiva de adelantos, venciese en el Perú todos los obstáculos que le tendieron el error y la ignorancia. El pueblo peruano era un pueblo de hombres dotados de ingenio y de imaginación, mezclados con otra raza de hombres que, además de otras cualidades, tenían la de un gran vigor mental; el suelo que habitaban era un suelo fértil y ameno: algún día debía brotar el fruto de tantas ventajas.

A fines del siglo XIX, ya la industria había hecho grandes progresos en el Perú. En esa época existían grandes y numerosas fábricas de paños de estrella, de bayetas finas, de sombreros, de tocuyos, de cobertores, de azúcar, vino, aguardiente y aceite. Las bayetas, que eran de excelente calidad, se fabricaban para el consumo de los negros, de los mestizos y de una parte de los indígenas. Los paños de estrella, llamados así por su color oscuro, combinado con pintas blancas que le daban la apariencia de un campo estrellado, eran trabajados en menor cantidad; no obstante, su calidad era mucho mejor que la calidad de las bayetas: las clases pobres de la sociedad hacían consumo de este género.

En algunos de los obrajes o chorrillos, como también se llamaron los lugares destinados a la fabricación de toda especie de tejidos, se hicieron ensayos de paño fino, y el resultado mostró la capacidad industrial de los peruanos. Los paños de España, que habían servido de modelo a los propietarios y directores de las fábricas llegaron a ser imitados, si bien no los de primera calidad, por lo menos los de segunda. En varias ocasiones se enviaron a los virreyes Abascal y La Serna las muestras de estos tejidos, solicitándoles licencia para su fabricación y manifestándoles las ventajas que de ella obtendría el país; pero, solo se consiguió una negativa completa, hasta que, excitado el celo de los comerciantes españoles y la indignación del gobierno, se acabó por prohibir esta especie de ensayos bajo las más severas penas. De no haber sido este sistema funesto por haber destruido con mano de fierro la industria peruana, se habría elevado ésta sin la menor duda, como en cualquiera de las naciones más florecientes del mundo: ninguna de las colonias españolas ofrecía tal vez mejores elementos para esta parte de la prosperidad nacional, localidades aparentes para el establecimiento de fábricas de todo tipo, abundancia de ríos, de vertientes, de maderas, de piedras; abundancia de materiales para los tejidos, tales como las lanas de vicuña, de paco, de llama, de alpaca, de oveja, de huanaco; algodón, y aun cáñamo; robustez, constancia y laboriosidad, entre los indígenas; un clima por último, benigno, considerando que ni el calor ni el frío intenso debilitan o reprimen nunca el vigor de las facultades físicas o mentales. No se necesitaba, por lo tanto, nada más que el beneficio de la libertad, para que estos elementos se combinasen y produjesen el desarrollo de la industria; sin embargo, el gobierno de España no supo ni quiso aprovecharse de ellos, y, desconociendo así sus propios intereses, hizo desaparecer aquellos medios de prosperidad que, manejados por otra administración más sabia y previsora, habrían conservado por más tiempo la primacía de la patria de Carlos V.

Los sombreros, si bien comúnmente de calidad inferior, en algunos lugares como Chucuito, Puno y La Paz, eran de confección similar a los de segunda clase de Europa, aunque de mayor duración y consistencia, por cuya razón eran muy cotizados y apreciados. Las varias lanas de que hablamos servían para otras tantas clases de sombreros.

Los tocuyos y bayetas se fabricaban en todas las provincias del Perú, los primeros de algodón para camisas, y los segundos de lana para vestimenta de los indígenas y mestizos. Algunas de estas telas no dejaban de ser finas en su género, y la variedad de colores vivos y permanentes que tenían, de muestra el conocimiento de los peruanos en el arte de preparación y aplicación de sus tintes.

Los cobertores se fabricaban también en todas las principales poblaciones del Perú, y era éste uno de los géneros en que más se empleaban las lanas: eran tantas sus calidades, como provincias tenía el virreinato; pero los que se confeccionaban para regalo eran superiores tanto por su finura como por las vistosas guarniciones que los adornaban, representando generalmente las armas reales, emblemas de amor, flores, paisajes, todo eso con el mayor brillo y propiedad.

Los vinos y aguardientes se fabricaban en abundancia, aunque con alguna imperfección, a pesar de ser la uva del Perú una de las más deliciosas del mundo. Con todo, los vinos generosos de Moquegua, provincia de Arequipa, eran superiores al Feitoria do Porto; y el TACAR, fabricado en el pequeño valle de este nombre, en la misma provincia, tenía todo el aroma y suavidad del Madeira.

El azúcar fabricada en Abancay, provincia del Cuzco, fue llevada a la perfección, y, sin temor a ser desmentidos, podemos asegurar que la llamada imperial no tiene igual en ningún país; era purificada y cristalinizada de tal manera que tenía la albura del alabastro y la dureza de la piedra. Además de la extracción que se hacía de este producto para varias partes de América, continuamente se remitían a España grandes cantidades como regalo para los magnates. En tiempos posteriores, mandó el general Bolívar, de presente a Inglaterra, algunos panes como una de las cosas más exquisitas del país.

Estos eran los productos principales del Perú; sin embargo, como este país comprende en su vasto territorio muchas provincias, todas diferentes en clima, en producciones y en el carácter de sus habitantes, desarrollose aquella diferentemente, según las peculiaridades de estos lugares, sobresaliendo cada una en algún producto particular.

En la provincia del Cuzco, se distinguían sus industriosas mujeres en la labor de encajes, guantes, ligas, fajas, y cinturones. Los primeros eran de varias clases, pero todos ellos tan excelentes y costosos que eran comprados a los más altos precios y cotizados en toda la América para los adornos de los paños sagrados, para las albas, para las camisas, para las toallas y para adorno de las vestimentas de los eclesiásticos y vestidos de señoras. Los guantes eran de suma belleza y de admirable delicadeza; extendidos, representaban la superficie de una agua cristalina ondeada por el viento, y, doblados, podía un par pasar a través de un anillo femenino. Los cinturones, las fajas y las ligas eran de seda matizados de lindos colores y entretejidos con hilos de oro y plata. En esta provincia también existían las grandes fábricas de pergamino, badana y gamuza.

En la provincia de Puno se trabajaban las bayetas, los ponchos y las mantas de bayeta de Castilla: las primeras eran iguales a la franela, y los segundos, hechos de lana de vicuña, mezclada con lana de llama, resistían los aguaceros más fuertes, sin que el agua llegase al cuerpo. Con ellos es que se hacen los viajes por las regiones heladas de los Andes; con los ponchos resisten los peruanos los rigores del invierno y desafían la nieve, el hielo y el granizo. Los indígenas laboriosos de esta provincia trabajaban y continúan trabajando esas costosas y elegantes mantas que duran medio siglo, y que en belleza rivalizan con las mejores de Turquía.

La provincia de Ayacucho, o antes Huamanga, sobresalía en los trabajos de la más delicada filigrana de oro y de plata; la de Junín en la curtiembre de pieles; y la de Lima en la fabricación del Pisco y del Moscatel; la de Arequipa en los bordados y en las lindas flores hechas a mano; la de Chachapoyas y la de Moyobamba en las petacas de paja y en los finísimos sombreros, que hoy en día no tienen rival en el mundo, y que se venden por un precio muchísimo más alto que los más finos sombreros de castor de Europa.

Todas estas obras y otras que no referimos, por ser de menor importancia, fueron, tan solo, producto del ingenio y de la industria de los peruanos, sin el auxilio de conocimientos acerca de las ciencias mecánicas y sin ningún aliento por parte del gobierno.

Capítulo IV. Agricultura

«En las regiones, dice M. Mollien, donde la leche de coco, la goma de la sensitiva, el tronco de una palmera, un dátil o un higo, bastan para llenar la mesa del hombre, siempre será errante la vida de éste, y nunca sus afecciones se atarán a ningún lugar, porque en todas partes encuentra el alimento que la naturaleza le prodiga con profusión: viajando sin cesar, es solamente de tiempo en tiempo que se sienta, descansa, come algunas frutas, duerme, levanta su carpa y se transporta a otro paraje. Pero, cuando se encuentra en una tierra donde le es necesario cultivarla para cosechar sus frutos, cuando se ve en la obligación de vivir de arroz, maíz, trigo o de otros cereales, por grandes que sean sus cosechas, se sentirá aferrado a sus campos y tendrá habitaciones fijas.»

Este pensamiento se encuentra completamente comprobado en ambos extremos del Perú; en cuanto al primero en las tierras cálidas, y en lo que se refiere al segundo en las tierras frías y templadas. La naturaleza, que parece haber establecido una pequeña relación entre el carácter de un pueblo y los frutos que deben constituir su subsistencia, había provisto los valles de aquel país de vegetales que se sustraían al calor de mediodía, que buscaban la fresca sombra de los bosques, que requerían poco, o tal vez ningún cultivo, y que se reproducían anualmente dos o tres veces, todo apropiado al carácter indolente y lánguido de los naturales. Uniéndose a esta abundancia de raíces nutritivas y a esas frutas exquisitas y variadas que vimos en el capítulo anterior, las cuales estaban destinadas tanto a la alimentación del hombre, como a neutralizar los efectos de la zona tórrida, los habitantes de estas regiones favorecidas, sin ambición de mejorar o aumentar los frutos espontáneos de la naturaleza, dejaban que ella produjese libremente sus dádivas, sin pensar nunca en destruir una de sus producciones para dar más vigor a otra. Dirigidos por la mano del azar, cosechaban, según la estación, aquello que la naturaleza había preparado para su alimento, y nunca pensaban en las ventajas que podía darles el cultivo de la tierra.

La prodigiosa abundancia con que crece la banana en las provincias de la costa parecía también anunciar que quería la misma naturaleza ahorrar a sus habitantes los trabajos de agricultura. Esta fruta, útil sin duda en los climas templados, porque puede en éstos ayudar al cultivo de la tierra, consagrando los brazos de un pueblo vigoroso, es casi siempre funesta en los climas ardientes, donde el calor excesivo enerva a sus habitantes y los convida al ocio, favoreciendo así su natural apatía. «En las planicies ardientes de América, dice M. Mollien, el plátano producirá los mismos efectos que en África produjeron los dátiles; hará una especie de Beduinos del Occidente, como éstos perpetuaron los de Oriente. ¿Y puede dudarse de esto, viendo la extraordinaria abundancia de este vegetal, la rapidez de su aumento y la facilidad de su cultivo?

Pero las templadas y frías regiones centrales, no obstante, dar la tierra de 80 a 100 por uno, eran constantemente cultivadas y mejoradas, por los brazos robustos de una multitud laboriosa de indígenas. Todo el año se veían los campos cubiertos de frutos: en una misma estación, estaba madurando una cosecha, sembrándose la otra, colectándose otra, y entretanto otra estaba aún verde; nunca el rigor o la inconstancia del tiempo engañaba las esperanzas del labrador, pues, aun cuando un accidente imprevisto destruyese sus trabajos en un lugar, eran fácilmente reparados sus funestos efectos por el producto de las ricas cosechas que se hacían a poca distancia, bajo la influencia de las constantes fatigas de un pueblo agrícola.

Así, aunque, en algunas partes del Perú, la misma fecundidad se oponía al progreso de la agricultura, podía sin embargo ella haber florecido bajo un sistema de administración más sabia que la española y con otros hombres más prudentes que la mayor parte de los que llevaron a aquellas playas los estandartes de la conquista; sin embargo, la sed de oro por un lado, y el principio exclusivo del engrandecimiento de la metrópoli por otro, hicieron que todas las atenciones se encaminaran enteramente a la acumulación de la riqueza metálica, y que de la corte de España emanasen leyes absolutamente contrarias a la prosperidad de las colonias.

Ocupados los primeros conquistadores en acumular los despojos de los vencidos y en buscar los tesoros que encontraban en las huacas, y que juzgaban encontrarían eternamente; miraron con indiferencia y hasta con desprecio el cultivo de las tierras fértiles y el aumento de las preciosas producciones que en el Perú desfilaban ante sus ojos. Impidieron, por todos los medios imaginables, el aumento de la población, que es sin duda el primer elemento de la agricultura, puesto que la misma requiere brazos; reunieron a los indígenas en poblaciones que pusieron bajo la más estricta vigilancia de militares, sin permitirles formar ningún establecimiento propio ni aumentar sus posesiones, lo que necesariamente habría sucedido al concederles libertad para extenderse por el país y para entregarse a ocupaciones de su interés.

Las misiones que establecieron los Españoles en algunos puntos ventajosos del inmenso país que comprende el interior del Perú, no podían igualmente, en cuanto al verdadero desarrollo y progreso de la agricultura, haber suplido la falta de la influencia gubernamental, que iba disminuyendo en la misma proporción en que iba alejándose del litoral y de las capitales de provincias. Estos establecimientos cristianos, si bien por una parte hicieron gran bien a la humanidad, por encontrarse enteramente dependientes del poder monacal y extendiéndose su influencia tan solo a la clase de los indígenas situados entre la vida pastoril de los colonos y la vida errante de los cazadores, no podían haber ofrecido ventajas muy positivas y duraderas a la industria agrícola, en un suelo fértil que ofrecía al hombre su alimento, sin necesidad de trabajo ni de estudio, en un país donde ninguna ley sabía había creado las costumbres, ni transformado el genio de los habitantes, ni contrapesado el poder del clima.

Pero, sobre todo, las leyes prohibitivas, la falta de libertad de la industria, fueron las que más obstaculizaron el progreso de la agricultura en el Perú y en todas las demás colonias españolas. En 1813, mandó la corte de España una orden mandando arrancar las plantaciones de viñas en las provincias del norte de México, porque los negociantes de Cádiz se habían quejado de la disminución en el consumo de los vinos de la Península. Algunos años antes, se había tomado en la Nueva Galicia, una medida semejante con respecto a varias plantaciones extensas y florecientes de tabaco, y la misma, finalmente, se ejecutó posteriormente en el Perú.

El tabaco, que era un artículo de gran consumo, que produjo la mayor de las rentas del rey de España en sus posesiones de América, y que habría producido el doble a no ser por su sistema de administración, era absolutamente monopolizado por el gobierno en su venta. En cada provincia había un administrador general del tabaco, que tenía bajo su autoridad oficiales que residían en todas las ciudades y villas, llamadas estanqueros, los cuales tenían un almacén en cuya puerta estaban pintadas las armas reales, y ahí únicamente se podía comprar este artículo, como también las barajas sobre las cuales había igualmente un derecho establecido.

Para cultivar esta planta, era menester que el colono tuviese licencia expresa del administrador; y el terreno donde debía ser cultivado no podía estar a distancia que fuese favorable al contrabando, para cuyo impedimento habían guardias estacionados en puntos estratégicos. Toda la cosecha debía ser depositada en los almacenes reales y pagada a cierto precio fijo. Este artículo se vendía a los consumidores generalmente por un precio triple; y en los países donde el tabaco es objeto de lujo y es usado por todos los sexos y por todas las edades, bien se puede calcular cuánta ganancia obtenía el gobierno de este monopolio y de esta injusticia. Era, no obstante, un lucro efímero que, extinguiendo la industria, debía, por último, desaparecer enteramente.

A pesar de los defectos de esta administración, el establecimiento de los españoles en el Perú aumentó y mejoró la agricultura de este país en comparación a su estado anterior. Verdad es que, bajo el gobierno paternal y pacífico de los incas, ya se habían dado algunos pasos en el arte de cultivar la tierra, entretanto esos vegetales, esas raíces nutritivas, esos árboles fructíferos que, en las tierras cálidas, servían de adorno, ya sea en los bosques o en la belleza de las planicies, sin exigir ningún cuidado para su reproducción y abasteciendo las necesidades tanto del indio ambulante como de los que estaban reunidos en familias, eran un obstáculo que, en esta parte del antiguo Perú, se oponía constantemente al progreso de la industria agrícola para un pueblo aún nuevo, y que, en la serie de sus trece monarcas, se puede decir que acababa de nacer de las reliquias de otro pueblo.

La introducción de las semillas, plantas y árboles fructíferos de Europa, el método de cultivo de esta parte del antiguo mundo, y la introducción de los animales de Castilla, aclimatados los primeros y multiplicados los últimos, enriquecieron el suelo americano y dieron a la agricultura una nueva marcha más productiva y más regular.

El sistema de las reparticiones, a pesar de sus restricciones a la libertad, previniendo en cierto modo, las antipatías suelos aborígenes debían sentir, naturalmente, por los españoles, no dejó de producir algún beneficio ya que mientras los reducía al estado de siervos, les hacía ver como un bien entrar en la familia de sus señores. Estas alianzas dieron origen a poblaciones pacíficas que hacían multiplicar los frutos de la tierra bajo la doble influencia de la fecundidad del suelo y de los cuidados de la industria. El país entero presentó un aspecto completamente diferente, más lisonjero, más interesante. El morador de las quebradas, que veía con indiferencia crecer el café y el algodón, que miraba caer las ricas semillas del cacao, y que se limitaba solamente a cuidar los platanales o a cortar la caña de azúcar con cuyo jugo se alimentaba, sintió por la primera vez el deseo de aumentar esta bellas producciones, y consagró sus ociosos brazos a su cultivo y mejoramiento;

el habitante de las regiones frígidas que antes seguía solitario los pasos del llama por entre las grietas y asperezas de las montañas, y que apenas le trasquilaba la lana para tejer su manta, se dedicó a pastar las manadas de ovejas y de vacas, y reuniéndose en pesebres y estancias, dirigió sus cuidados hacia el beneficio del queso, de la manteca, de las lanas y de tantos otros objetos de riqueza y de regalo. Estas vastas planicies que se extienden alrededor de las faldas elevadas de los Andes, que antes, durante muchos meses, presentaban el aspecto melancólico y triste del invierno, se vieron, por lo menos en algunos de sus parajes, cubiertas de mieses y de ricas frutas. Esas regiones, por último, abrasadas por el ardiente Sol, se fertilizaron y se refrescaron con las abundantes aguas de la nieve que se apartaron con arte de sus canales naturales, dirigiéndose por acueductos sinuosos a muchas leguas de distancia. El arado substituyó la chaquitaclla, la reja de fierro remplazó la pala de chonta, las fatigas de la epesata se unieron a las fatigas del labrador, y los sudores de éste fueron aliviadas con la canga.

Bajo la influencia benéfica de estas innovaciones, con el deseo de los goces y de las comodidades de la vida que fue aumentando progresivamente con el tiempo y con las ventajas de un suelo fértil y de un pueblo naturalmente robusto, pacífico y dedicado al trabajo, también se fue regularizando gradualmente la agricultura, hasta llegar a fines del siglo XVIII a un estado comparativamente floreciente. El maíz, el trigo, la cebada y la cascarilla en las regiones centrales; el café, el cacao, el arroz, el algodón, el tabaco y la uva en las provincias de la costa; no obstante, haber reservado España para si el derecho de proveer América de vinos, eran los artículos principales de la agricultura en el Perú, fuera de otros de menos importancia y menor consumo.

La tierra adecuada para el cultivo de trigo y para la cría de ganado mayor, con treinta cuerdas de largo por quince de ancho, valía en aquella época 1.000 pesos en las regiones frías y trescientos en las cálidas. Cada cuerda tenía setenta y ocho varas, y cada vara treinta y siete pulgadas castellanas. La tierra apropiada para el trigo, y que al mismo tiempo pudiera servir para la alimentación del ganado menor, valía, en los países fríos, 500 pesos, teniendo doce cuerdas de largo por seis de ancho.

Capítulo V. Comercio

El sistema comercial del Perú, como el de todas las colonias españolas, tenía la misma organización de las otras partes de la administración colonial. El antiguo principio de que las colonias solo debían existir para el engrandecimiento de la madre patria, se hacía sentir en cualquier lugar; solo se perseguía el fin único de entregar en manos de los españoles todos los tesoros de América, prohibirse a los americanos la facultad de crear los objetos de consumo que España no producía y de comprarlos directamente a otras naciones. Ningún habitante de América meridional podía tener un barco ni recibir cargamentos en consignación; ningún extranjero podía residir en el país, no habiendo nacido en España; estaba vedada la circulación, en las colonias, de todo capital que no perteneciera a un Español; estaba prohibido a todo barco extranjero entrar, bajo cualquier pretexto, en los puertos de la América española, y ¡hasta se negaba aquella hospitalidad que es deber ofrecer a todo barco que sufrió una desgracia! y, en el caso de ser esta cruel prohibición infringida por algún barco que a eso fuese obligado por la necesidad, ¡era tomado prisionero y su tripulación llevada a la cárcel! En cierta ocasión, habiéndose un bar co español encontrado por casualidad, a los 38 grados de latitud, con un navío inglés dedicado a la pesca de la ballena, llenó de tanto terror este acontecimiento fortuito a don Theodoro Croix, virrey del Perú y de Chile durante los años de 1789 y 1790, que inmediatamente ordenó a todas las autoridades, desde Guayaquil hasta Iquique, se vigilasen con todo cuidado todas las embarcaciones extranjeras que pudiesen pasar cerca de los puertos. Y no es éste el único ejemplo que se pueda citar.

A fin de asegurar la prohibición del comercio, se declaró, bajo pena capital, que nadie, sin excepción, tenía facultad para comerciar con extranjeros, y que nunca éstos serían recibidos en el país; los mismos españoles no podían aparecer en las colonias sin autorización especial por tiempo limitado; los habitantes del país no podían comunicarse unos con otros, porque se temía que las relaciones mutuas facilitasen el progreso de los conocimientos.

Para establecer de una manera estable estas odiosas prohibiciones, que tantos obstáculos podían contrariar, recurrió el genio administrativo a un medio para degradar a la población entera: se llenó el país de agentes activos y experimentados con gran interés en mantener este estado de cosas. Asegura el doctor Humboldt, que habían más de trescientos mil españoles de éstos en las colonias.

Los cobros injustos y violentos conocidos por el nombre de tasas, diezmos y alcabalas, formaban también una de las ramas del sistema comercial. Los derechos impuestos sobre los metales preciosos, si bien al principio fueron reducidos por la imposibilidad de conocer su importe verdadero y nominal, fueron, hasta el último momento de la dominación española, un gran y formidable obstáculo para el comercio y la industria en general. El tabaco, la sal, la pólvora, el azogue, pertenecían exclusivamente al monopolio real; el pueblo no podía obtener estos productos en proporción a sus necesidades, ni aun por un precio infinitamente superior a su valor real; y el gobierno se privaba voluntariamente de una inmensa renta que, sin duda, le habría ofrecido un sistema menos extenso.

La terrible alcabala, el más humillante de los impuestos, porque, se ejercía sin límites y sobre todo tipo de mercadería, pesaba funestamente sobre todas las clases, y era uno de los más grandes obstáculos para el comercio. Nada escapaba al diezmo; y todos los habitantes, bajo pena de perder el fruto de sus trabajos y otros derechos, se veían obligados a comprar cierto número de bulas. Un individuo, por ejemplo, que no llevase consigo su certificado de confesión, se veía privado de la absolución en el lecho de muerte, su testamento era nulo y sus bienes confiscados.

En proporción a esta poco o, tal vez, ninguna libertad, el comercio a fines del siglo XVIII, se encontraba en el siguiente estado. Estaba dividido en tres ramificaciones: el que se hacía por mar con la metrópoli y con las islas Filipinas, el que se efectuaba por la costa con Guatemala y Chile, y el que se hacía por tierra con las provincias del Río de la Plata. El valor de los artículos de exportación, que consistían en azúcar, lana de vicuña y de carnero, algodón, pimienta, cascarilla, cacao y vainilla, se elevaba a treinta y un millones y doscientos mil pesos; el valor de las exportaciones para Potosí y para las provincias del Río de La Plata, subía a más de dos millones de pesos anuales, y el de las importaciones a 860.000, además del resultado del transporte que quedaba en favor del Cuzco y de Arequipa, lugares por donde se efectuaba este comercio. Los géneros de exportación para el Río de la Plata consistían en aguardiente, vino, maíz, azúcar, pimienta, añil y tejidos de lana, sumando solo el primero de estos artículos más de un millón de pesos; y los géneros de importación de Buenos Aires consistían en ganado menor, cueros, lana, hierba del Paraguay, algún estaño de Cochabamba y veinte mil mulas que se traían cada año para el servicio de las minas. Los artículos principales que se exportaban para Chile eran mercaderías de Europa, importadas primero en el Callao, tejidos de lana, azúcar, añil de Guatemala, sal, algodón y otros productos. Los artículos de importación eran trigo, cobre, esclavos, vino, cebo de Paraguay, carnes saladas y maderas de construcción. Las exportaciones a Panamá consistieron de tejidos de lana, azúcar, harina; y las que se hacían para Sao Braz eran vino y aguardiente. Pero, desde principios del siglo XIX, el comercio del Perú, así como el de las demás colonias españolas, tomó una extensión mayor y más ventajosa para el país. Desgraciadamente para el sistema de la administración colonial, el peso de las cadenas no había ahogado en el alma de los americanos todas las centellas de la razón: reconociendo ellos que sus dominadores no podían ni querían suministrarles aquello que necesitaban, apelaron, por último, a otras naciones, y éstas no tardaron en ofrecerles su ayuda. Navíos armados y guarnecidos de fuertes tripulaciones abrían a la fuerza, en la costa, entrada a sus productos, luchando con ventaja, en caso de necesidad, contra las guarniciones de las costas y contra los barcos españoles que impedían su acercamiento. Los holandeses, los portugueses, los franceses, los ingleses, y en último lugar los americanos del norte, fueron los que organizaron este extraño sistema de comercio armado. De esta manera se abrió la salida de los productos extranjeros para el Perú y para toda la América meridional. En la lucha sorda, pero irresistible, de la naturaleza contra la metrópoli, la necesidad de comodidades, sentida y comprendida por la población contribuyó poderosamente a los esfuerzos que se habían tentado. Independientemente de las mercaderías extranjeras, el contrabando trajo consigo al seno de las colonias el germen de los conocimientos y con éste el gusto por la elegancia en los trajes y vestidos, en los muebles, en los adornos y en todos los demás objetos pertenecientes a la vida social: fue en vano que la Inquisición desplegase sus rigores, y que la curia romana, coadyuvada por el gobierno, redoblase su vigilancia y se armase de la espada de las leyes. Rápidamente los extranjeros, ya por medio de la corrupción, o por medio de los artificios, penetraron en el país; la inteligencia humana hizo progresos en las variadas ramas de la civilización, a pesar del gobierno y de sus agentes, que despreciando la opinión pública, consideraban la fuerza como el único elemento de su administración.

Capítulo VI. Literatura

La literatura, entre todas las naciones del mundo, ha sido la obra lenta del tiempo y el fruto tardío de los esfuerzos continuados del carácter nacional. En los primeros tiempos, algunas almas privilegiadas, algunos entendimientos creadores, fueron produciendo de cuando en cuando varios fragmentos bellos o algunas obras acabadas. Vinieron después otros genios que los imitaron o los aumentaron con otras obras; y todas estas creaciones, ya nativas, ya imitadas de escritores de otra antigüedad y de otros países, acumuladas en el transcurso de los años, forman la literatura nacional de un pueblo.

Ninguna nación, sin embargo, formó su literatura sin el auxilio de otra u otras que la precedieron o fueron sus contemporáneas; ningún siglo levantó sus monumentos literarios sin haber tomado los materiales de otro u otros que lo antecedieron; ninguna de las grandes épocas del orbe literario, por último, por grande que haya sido su duración, se encuentra independiente y segregada de las otras. Si no hubiera existido la Iliada, nunca el poema de Virgilio hubiera aparecido en su forma presente; y, si Virgilio no hubiera legado sus escritos a la posteridad, no habría tenido la literatura de Europa a Dante, que la une con la literatura antigua.

Así, en la marcha de las letras, vemos esta gran ley de la humanidad, la ley de la progresión, no de una progresión gradual y uniforme, y si de un progreso permanente, en que cada época lega a la siguiente cierta porción de sus triunfos adquiridos sobre los obstáculos que le obstruyeron el progreso en las ciencias, en las artes, en las letras, etc. De estos triunfos pues, y del progreso que en este sentido hicieron los peruanos en tiempo de la administración española, es que tratamos de dar una idea ligera en el presente capítulo.

La administración colonial que, como vimos en los capítulos anteriores, tan funesta fue para todas las ramas de la prosperidad americana, fue aún doblemente absurda en la parte que se refiere a la ilustración de los pueblos. El cuadro general de su marcha en este punto, durante el largo período de su dominación, de tal modo lleva consigo el sello de la opresión mental, que dio origen a que algunos escritores transatlánticos, alejados por inmensa distancia de las playas del Pacífico, dudasen hasta si los aborígenes pertenecían o no a la especie humana.

Cualquiera que se detenga en el principio de la conquista del Nuevo Mundo solo verá un fraile inquisidor y un verdugo, aquél señalando la víctima con su dedo de fuego, éste ejecutándola inmediatamente; y esto no era más que un salto entre el hombre que tan mal representaba la religión y el que mancillaba la conquista. ¡Nunca se abusó tanto de la fuerza del guerrero ni de la santa voz del Evangelio! Acababa España de unir a su trono cien tronos más, acaba de agregar a su corona el mejor brillante del universo; y, para no desprenderse de él jamás, quiso aprisionarlo con cadenas de bronce que nunca se rompieran. Leyes penales escritas con sangre, tribunales sin apelación en sus sentencias, vedaban el estudio de las ciencias y el cultivo de las letras; todas las tendencias intelectuales, todas las propensiones de la imaginación estaban interceptadas por una barrera que solo pudieron romper el tiempo y el vigor del ingenio. Maniatado el peruano con tan fuertes cadenas, lisonjeado por otro lado por las caricias de la paz y de la abundancia, en medio de la profusión de las comodidades de la vida, en el seno de los placeres, de los espectáculos, de las diversiones, no pensaba sino en la presencia de estas fruiciones, y ni aun su alma adormecida podía elevarse a las altas regiones de la inteligencia; entonces solo se contentaba con ver el esplendor de su Sol meridiano y rememorar allá en su estancia las glorias de la metrópoli. Los cantos del trovador castellano, los celos de un moro, las delicias del harem y los recelos de un sultán llenaban esos días aburridos y entretenían una multitud de oyentes.

Después de un siglo de este letargo, decidió por fin la corte de España dar un programa de estudios para sus colonias, movida tal vez más por la filantropía ilustrada de algunos hombres superiores a su siglo que se encontraban en el Consejo de las Indias, que por el deseo de dar a los americanos algunos rayos de la luz que iluminaba Europa. Ya esto era un paso en la carrera de las generaciones americanas; ¡cuánta distancia existía mientras tanto entre ese paso y los grados intermedios de la columna de ilustración que debía levantar el mundo de Colón! Este plan tenía los defectos de la educación literaria de la madre patria, y además de eso estaba elaborado de modo que nunca pudiesen los americanos mirar más allá de un débil crepúsculo.

En las escuelas primarias se enseñaba a leer a los niños en libros de historias inverosímiles, de milagros portentosos o de asuntos de devoción, con principios más propios para hacerlos hipócritas que hombres de juicio. Se enseñaba al padre a pensar que su hijo había cumplido todos sus deberes, cuando éste podía repetir de memoria algunas oraciones y cuando podía disertar sobre su catecismo, el cual, aunque excelente en sí, no bastaba para hacer de él un hombre íntegro, ni para orientarlo en los preceptos de la moral cristiana, ni para hacerle conocer sus deberes para con la sociedad y para con la patria. En esta primera enseñanza de la juventud, en vez de enseñar al niño la moderación, que es la primera prenda del saber, se le inculcaban ciertas frioleras de vanidad y presunción que lo hacían abusar de las prerrogativas del nacimiento, cuyo objeto no conocía, y cuyo principio se fundaba en ostentar un orgullo loco al hablar de la nobleza de sus progenitores, ¡como si sobre él reflejase el mérito de esos antepasados! Apenas acababa de aprender a leer, comenzaba luego las clases de latín, donde se le enseñaba esta lengua, antes de saber su propio idioma y de ser capaz de escribir correctamente una carta. Las reglas y las combinaciones de la aritmética le eran desconocidas; lo hacían estudiar la filosofía de Aristóteles, las instituciones de Justiniano y la teología de Gonet y de Lárraga.

De estas aulas, pasaban los jóvenes a las academias y a los colegios, que no tenían mejor sistema de educación. Las tesis que se presentaban y los temas que se defendían estaban guiados por la mística y rancia filosofía de las viejas escuelas; la lógica no era otra cosa que la jerigonza de la argumentación silogística; la ética se destinaba a probar causas sobrenaturales; las categorías hipotéticas ocupaban el lugar de la moral y de los conocimientos prácticos; las operaciones de la investigación analítica eran ignoradas; fundando principios sobre falsas deducciones y admitiéndose fenómenos y seres imaginarios sin relación alguna con las leyes de la naturaleza. Todo el conjunto de este sistema se encontraba consignado en los claustros de los conventos, de donde salían los estudiantes maestros en la jerigonza escolástica, llenos de pensamientos abstractos y de ideas anticuadas que no podían ser aplicables a los fines de la vida ni al desempeño de los deberes sociales.

Los acontecimientos del mundo antiguo, los sucesos políticos de Europa, eran absolutamente ignorados en las playas del Pacífico. La GACETA DE MADRID, escrita en contraposición a la francesa, era el único medio por el cual se difundían las noticias acerca del estado de aquellos países y de los acontecimientos de la invasión de Bonaparte en España; y aun esta misma circulación era en extremo limitada. Las clases bajas, que seguían a las altas, pues en las colonias al igual que en la metrópoli, no se conocían clases intermedias, estaban condenadas a no recibir el más leve indicio de estos asuntos, que misteriosa y enfáticamente se llamaban asuntos de estado.

Estaba prohibida la importación de libros por el gobierno y su lectura por la inquisición, en cuyo último índice expurgatorio de 1790 estaban designados con especialidad Robertson, Hume, Shakespeare, Corneille, Racine, Voltaire, Rousseau, Boileau, y una infinidad de los más grandes escritores de Europa. ¡La inquisición! este tremendo tribunal, cuyo origen se remonta al siglo XII, en tiempo de Inocencio III, y que, habiendo al principio sido establecido solamente para conocer las causas de la herejía, se extendió después hasta convertirse en tirano del pensamiento humano y soberano de los reyes; ¡y fue también a escribir sus autos de fe sobre los acantilados de América y encender sus hogueras en la tierra de pueblos inocentes!

En medio de tantos obstáculos, no eran de esperarse grandes progresos de los peruanos en las letras; sin embargo, como es imposible que el entendimiento humano permanezca para siempre esclavizado en ninguna parte de la tierra, fue la fecundidad del ingenio peruano abriendo insensiblemente un camino al pensamiento a través de los días y de los años que transcurrían tranquilos, hasta que, minadas así las murallas de la tiranía mental, sin que aún percibiera esto la administración española, comenzaron a ponerse en contacto las ideas nacidas en el asilo de las meditaciones solitarias.

La naturaleza física y moral fueron producto del concierto de esta revolución lenta pero feliz. La raza india dotada de inteligencia caracterizada por una fuerte originalidad, capaz de raciocinar con asombrosa exactitud ante los objetos externos y de recibir y retener las más vastas impresiones, fue injertada con la raza de un pueblo cuyo genio fiero y altivo, cuyo carácter independiente y cuya razón fuerte y superior, hicieron de él el primer pueblo de Europa. El peruano, nacido de esta feliz mezcla, heredero de tan variadas y tan bellas cualidades, como imaginación, agudeza, sensibilidad a esa dulce melancolía, creadora de los grandes asuntos, debía haberlas ejercitado en medio de una naturaleza que le sonreía y le convidaba a todos los goces del alma, desde los más pasivos y suaves hasta los más elevados y activos.

La soledad del bosque, en sus susurros, debía pues decirle alguna cosa que él escuchaba y comprendía; la corriente tumultuosa de los ríos le murmuraba también palabras desconocidas, y las sombrías ropas de la noche representaban igualmente sombras de varios colores susurrando en voz baja, como la oración fúnebre de los muertos. La selva, llena de vigor, por donde nadie había atravesado, parecía sonreír a la libertad de pensamiento; los ríos, desenvolviéndose en sus sinuosidades cristalinas, decían igualmente: «¡Tu alma es libre como lo son mis aguas cuya corriente nada estorba! Eran las osamentas de las pasadas generaciones que venían a espantar a sus déspotas y a inspirar a los descendientes de los incas luz y libertad. Todos estos ruidos misteriosos que llegaban a los sensibles oídos del americano, debía escucharlos el peruano adormecido por el plácido reposo de la esclavitud; y también debieron sus ojos alzarse hasta las cumbres de la cordillera donde todo parece decirle: «¡Mira lo Eterno!».

Complementándose así el hombre con la naturaleza, el genio con la tierra, fue como en el Perú brotaron los primeros gérmenes de las bellas letras, los deseos y las impresiones para después producirlas. Y esto no podía dejar de ser así, como ha sido siempre que se reunieron tan felices circunstancias. Desde el principio, los griegos mostraron ingenio en las composiciones de lo bello y de lo grande, e hicieron obras primas, porque encontraron en su suelo, en su clima y en su genio el principio de ese bello ideal, esa poética, esa lógica de todas las bellas artes y bellas letras. Y si solo existe una especie de bello ideal, si no hay más que una poética y una lógica para componer lo bello, sea con los sonidos, con los colores, con las formas, o con las combinaciones complicadas de formas, de colores y de sonidos, que se llaman sentimientos e ideales; si las bellas artes, en fin, no son otra cosa que los diferentes dialectos de una misma lengua, de la lengua sagrada de lo bello; estando colocados bajo la influencia de un clima venturoso, en medio de un país magnífico y variado, donde encontraban a cada paso estas formas, estos sonidos, estos colores, ¿no habrían los peruanos recibido las impresiones y despertado al sentimiento de lo bello y verdadero? Y en las bases de los Andes, en cuyas faldas ondea la melancolía y sobre cuyas cumbres existe lo sublime, ¿no habrían recibido las impresiones de la poesía?

En esta operación lenta y constante del genio y de la naturaleza, fueron disipándose imperceptiblemente las tinieblas de la ignorancia y desmoronándose los cimientos del grotesco edificio de la tiranía mental, hasta que después de transcurrir dos siglos se abrió a la patria de los incas un horizonte sin sombras, en el cual se comenzaron a observar algunos astros luminosos. Entonces ya las bellezas de la elocuencia, y los encantos de la poesía cautivaban la atención de los peruanos. El estudio concentrado del latín y aun del griego, que ya era conocido y enseñado por algunos jesuitas, hizo conocer y amar a Virgilio y a Homero; el galanteo español encontró un incentivo en Ovidio, la sensibilidad americana encontró sus delicias en Tíbulo y Propercio, y el carácter apasionado del peruano bebió la vehemencia de sus ardores en las odas de Safo. La elocuencia del púlpito, cuyo primer maestro en el Perú fue el virtuoso Las Casas, y cuyo dominio encontró un campo ilimitado en el entusiasmo religioso de un pueblo devoto, hizo conocer a Bossuet y Fenelon, Massillon y Bourdanloe: estos ilustres maestros corren el velo de los misterios de la oratoria; y he aquí como la alianza de la religión con las humanidades abre nueva era de luz a la razón.

No es, sin embargo, aquí que se detiene este progreso de las letras, ni son únicamente la elocuencia y la poesía que forman el campo de sus conquistas; este primer paso es el precursor de lo que sucederá en la filosofía, en la moral y en la religión como una consecuencia del enlace íntimo de todas las ramas del saber. El gobierno nota este cambio que lo sorprende y espanta, redobla las prohibiciones y da nuevas leyes; pero son ya vanos todos sus esfuerzos en una generación carcomida que se arroja al desarrollo de una generación nueva y vigorosa. Las prohibiciones, aumentando la curiosidad, dan paso al deseo de la instrucción; en el silencio de la noche se invocan los antiguos, y en la soledad de los retiros reciben los modernos el homenaje de la razón. Pascal y Mably son devorados, y Bacon y Locke memorizados; Voltaire y Rousseau, genios expatriados de España, y que su patria consagra en el altar de la inmortalidad, son convertidos en códigos del pensamiento, no para tributar homenaje a sus doctrinas irreligiosas, y sí para recoger las flores de su literatura. Francia, nación de luz y libertad, que llevaba sus productos a todas las partes del globo, excepto a la América meridional, y que cultiva también las semillas de Alemania e Inglaterra para después esparcirlas por el mundo entero, hace llegar al antiguo imperio de los incas los frutos del trabajo de su incesante expansión. Aparece, entonces, el Perú, a principios del siglo XIX, con una fisonomía particular y una literatura propia.

Las obras de poesía, de elocuencia, de filosofía, de moral y de otros géneros, escritos en volúmenes completos o en composiciones sueltas, impresas o inéditas, desde mediados del siglo XVIII hasta la guerra de la independencia, forman la literatura de la primera época del Perú. Entrar en la enumeración y en el examen minucioso de todas estas composiciones sería una tarea que no estaría de acuerdo con la brevedad de este bosquejo, ni nosotros la podríamos emprender ante la distancia que nos separa de la patria, y sin los documentos y materiales necesarios para hacerlo. Así pues, nos limitaremos únicamente a indicar algunas de las obras principales y más originales de esta época y a dar una ligera idea de los peruanos que las escribieron.

El virrey Abascal fue para el Perú lo que fue Luis XIV para Francia, y la época de su gobierno el siglo de oro de los peruanos. Bajo la influencia de este ilustre protector de las letras, que no solo alentó a los talentos, aun contrariando las instrucciones del gabinete de Madrid, sino que también se juzgó honrado en recibir el título de presidente de la sociedad literaria que se formó en Lima: florecieron la literatura y el ingenio peruano, si es que se puede aquella palabra aplicar a la libertad con que se escribió, y al aprecio y utilidad con que se leía el escrito, en esta época, dentro del recinto de una colonia sujeta al cetro de otra nación.

Entre los literatos más antiguos que se distinguen en esta primera época de la literatura peruana, y cuyas obras fueron publicadas, el que más destaca es el jesuita don Paulo Viscardo Guzmán, natural de Arequipa, capital de la provincia del mismo nombre, que murió en Londres, en 1799. Nutrido de las profundas investigaciones de su alma fecunda y con las obras de los clásicos griegos y romanos, adquirió inmenso caudal de conocimientos, juntamente con una riqueza de expresión, una energía de pensamiento y un brillantísimo de estilo que le valieron una justa celebridad, puesto que la apatía en que cayó el espíritu literario del Perú, ante los golpes de la revolución, hubiera dejado confundidos sus escritos entre los grandes folletos o los libri elephantini de la edad media. Entre estos escritos, merece particular mención la extensa carta que escribió dirigida a los americanos, manifestándoles los vejámenes y las crueldades del gobierno español e incitándolos a sacudir el yugo de su opresión. Si se considera la época en que fue escrita esta inapreciable pieza y la naturaleza de los libros que llenaban los estantes de las bibliotecas de los conventos, que, al igual que los registros de los ciudadanos romanos, cuando éstos se elevaban a millones, contenían poco más que catálogos de cosas y pensamientos y nombres, en palabras sin medida y casi siempre sin sentido, se podría decir que fue ésta la primera flor que brotó en la aridez o en el oasis del desierto. Para darnos una idea de este escrito, ya que lo encontramos casualmente, copiaremos algunos de sus párrafos.

Después de largas observaciones sobre el merecimiento de los primeros españoles y sobre el abuso que de sus conquistas hizo la metrópoli, dice: «Nuestra misma locura estuvo forjando las cadenas con que España nos sujeta a su carruaje humillante; y, si no las rompemos a tiempo, no nos quedará otro recurso que arrastrar con paciencia tan ignominiosa esclavitud».

«Si nuestra presente condición fuese tan desesperada como es penosa, sería un acto de piedad ocultarla a nuestros ojos; sin embargo, teniendo nosotros en nuestras manos el más seguro remedio, vamos a correr el velo a este espantoso cuadro y a examinarlo con la luz de la verdad. Nos dice ésta que toda ley que se opone al bien general de aquellos para quien fue hecha es un acto de tiranía, que exigirse el cumplimiento de semejante ley es legitimar la esclavitud, y que una ley que tendiese a minar las bases de la prosperidad nacional, sería monstruosa. A más de esto, un pueblo al cual quitasen su libertad personal y la libertad de disponer de su propiedad, mientras que todas las naciones de la tierra han considerado, en circunstancias iguales, que extender esta libertad era de vital importancia para su interés; un pueblo como éste, es evidente que se encontraría reducido a un estado de esclavitud que no podría imponerse ni aun al enemigo en el frenesí de la victoria.»

Después de establecer estos principios, entra el autor citado a aplicarlos a la situación recíproca de las Américas con Europa. «Para honra de la humanidad, mejor es pasar en silencio los horrores y las crueldades de otro comercio exclusivo, conocido en el Perú por el nombre de repartimientos, que los corregidores y los alcaldes reclamaban para la ruina de los desgraciados indios. Qué admirar sí, con tanto oro y con tanta plata con que casi llenamos el universo, ¿tenemos apenas con qué cubrir nuestra desnudez? ¿De qué nos sirven tantas y tan fértiles tierras, si carecemos de medios para cultivarlas, y si aun, en caso de tenerlos, es inútil hacer más de lo que es necesario para consumir en el día? Tales beneficios que nos dio la naturaleza no hacen más que acusar a la tiranía que nos priva de coger los frutos, repartiéndolos con otro pueblo...»

«Lancemos una mirada sobre nuestra desdichada patria, si merece este nombre el suelo teñido de sangre que nos dio el ser; y por todas partes encontraremos la misma desolación, la misma avaricia insaciable, el mismo tráfico abominable, de injusticia y falta de humanidad por parte de los agentes sanguinarios del gobierno. ¡Consultemos los anales de tres siglos; ellos nos descubren la ingratitud de la corte de España y su traición al no cumplir con sus compromisos contraídos, primero con el gran Colón, y después con los demás conquistadores que le dieron el imperio del Nuevo Mundo, sobre condiciones solemnemente estipuladas; ellos nos muestran la suerte de aquellos hombres magnánimos, cubiertos de oprobio, perseguidos por la envidia que los calumnió, cargados de cadenas y dando sus últimos suspiros en medio de la miseria!»

Hablando más adelante de la expulsión de los jesuitas, dice: «La expulsión y la ruina de los jesuitas, según todas las probabilidades, no tuvieron otro origen que la fama de sus riquezas; agotadas éstas, el gobierno, sin dolor ni compasión por la desastrosa situación a que nos redujo, quiso entretanto aumentar más sus nuevos impuestos, particularmente en la América del Sur, donde tanta sangre costó en el Perú en 1788. Hoy gemiríamos aún bajo el peso de esta opresión, si las primeras llamas de una indignación largo tiempo oprimida no hubieran forzado a nuestros tiranos a desistir de sus extorsiones. ¡Generosos americanos del nuevo reino de Granada! si la América española os debe el noble ejemplo de intrepidez que siempre se debe oponer a la tiranía, y si su nuevo esplendor aumentó su gloria; está escrito en los anales de la humanidad que nosotros veremos grabado con caracteres inmortales que vuestras armas defendieron a nuestros compatriotas, los pobres indios, y que nuestros nobles diputados estipularon en favor de los intereses de éstos, ¡con el mismo celo que si fuera para ellos mismos! ¡Pueda vuestro magnánimo proceder ser una lección útil para toda la raza humana!

»Las muchas regiones de Europa a que la corona de España se vio obligada a renunciar, como el reino de Portugal, enclavado en el compás de la misma España, y la celebrada república de las Provincias Unidas, que sacudieron su yugo de fierro, nos dicen que un continente infinitamente más grande que España, más rico, más poderoso, más poblado, no debe depender de aquel reino, cuando se encuentra a una distancia tan inmensa de ella, y menos por haber sido reducido a la más dura esclavitud.

»El valor con que las colonias de América inglesa combatieron por su libertad, de que gloriosamente gozan, cubren de vergüenza nuestra apatía; nosotros les cedemos voluntariamente la palma de ser los primeros que coronaran el Nuevo Mundo con su soberana independencia. Unase a esto la solicitud con que España y Francia coadyuvaron a la causa de los Angloamericanos; y este hecho servirá para acusarnos de criminal insensibilidad: despierten al menos los sentimientos de honra nacional por los ultrajes que hemos sufrido durante tres siglos!...

»Ya no tenemos más pretextos para justificar nuestra resignación; y, si sufrimos por más tiempo el yugo que nos oprime, con razón se dirá que nuestra cobardía lo mereció, y que nuestros sucesores, arrastrando las cadenas que podíamos haberles evitado, nos llenarán de maldiciones.

»Ha llegado el momento, debemos aprovecharlo con todos los sentimientos de gratitud para con el Dios Santo que nos lo ofrece; aun cuando tan débiles sean nuestros esfuerzos siempre de ellos nacerá la libertad, este precioso don del cielo, acompañada de todas las virtudes y de todos los gérmenes de la prosperidad.

»Este triunfo será completo y costará muy poco a la humanidad: la debilidad del único enemigo que tiene interés en oponerse a él no le permite emplear la fuerza abierta que apuraría su caída. Su principal apoyo consiste en las riquezas que saca de nuestro suelo y de nuestro trabajo; debemos privarlo de ellas y aplicar nuestra defensa: su ira será impotente. Nuestra causa es tan justa, tan favorable al bien del género humano, que muy poca probabilidad hay de encontrar entre otras naciones una sola que se quiera cubrir de infamia al combatirnos, a que renunciando a sus propios intereses, quiera oponerse a la libertad de un pueblo entero. El sabio y generoso español que hoy gime en silencio bajo el peso de la opresión, aplaudirá él mismo nuestra magnánima empresa. Veremos revivir la gloria nacional en un inmenso imperio, lo veremos convertirse en el asilo de todos los españoles que, además de la fraternal hospitalidad que siempre nos merecieron, estarán en condiciones de respirar, en el futuro, el aire puro de la libertad circundada por los rayos de la razón y de la justicia.

»¡Quiera Dios que ese día brille, no solo sobre la América, sino también sobre el mundo entero! ¡día en que el reinado de la razón, de justicia y de la humanidad triunfe sobre la tiranía, la opresión y la crueldad! ¡día en que las lágrimas, los infortunios y los lamentos de 18 millones de hombres cedan paso a los goces de los beneficios del Creador, cuyo nombre sagrado ya no servirá de pretexto a los actos de la tiranía! ¡Qué espectáculo tan interesante y grandioso nos presentarán entonces las fértiles playas de la América actual, cubiertas de hombres de todas las naciones, intercambiando las producciones de su país por las nuestras! ¡Cuántos de ellos no vendrán, huyendo de la opresión y de la miseria, a enriquecernos con su industria y a reparar nuestra destruida población!

¡Pueda así la América unir las extremidades de la tierra, y puedan sus habitantes, unidos por un interés común, formar una gran familia de hermanos!»

Esta pieza en que, en medio del patriotismo que despliega su autor filantrópico, se reconocen los sentimientos privados de un jesuita injuriado, no es ciertamente una pieza de poesía o de elocuencia; hay, no obstante, en estos fragmentos algo de poético y de elocuente, hay imágenes y conceptos, hay lenguaje y estilo, y basta esto para hacerla pertenecer al campo de la literatura, aunque no sea en el sentido particular en que se toma esta palabra, por lo menos en su acepción amplia y general.

Pocos años después, apareció don Juan del Carpio, natural de la ciudad de Puno y párroco de la misma doctrina. Sus cantos intitulados: Recreo del sonámbulo en el lago, y escritos en presencia de la naturaleza melancólica, en el silencio y en el retiro del tumulto de las ciudades, dieron nombre y celebridad a aquellas pampas del Collao, donde, después que se oyeron las melodías de este cantor de la naturaleza en luto, no se oyó nunca más otra arpa que hiciera vibrar sus cuerdas. Este eclesiástico, habitante de las márgenes del Lago Titicaca, de este lago romántico donde Manco consiguió su barra de oro para fundar el Imperio de los incas, este lago mayor que todos los lagos del mundo y cuya superficie tiene cuarenta veces la extensión del lago de Ginebra, de este lago cuyas aguas negras y melancólicas en el invierno, y azules y transparentes en el verano, reflejan todos los aspectos del vasto paisaje que lo cerca, desde el plácido y bello hasta el tempestuoso y sublime, tuvo, como Haller y Hotze, desde sus primeros días una afección y un alma sensible a las bellezas de su país; y si Zimmerman y Lavater no nacieron con aquellos para celebrarlos, el día llegará en que la historia de la literatura americana ostente las bellezas de su poesía.

Contemporáneo de Salas, más joven y más poeta, se presenta el doctor Velarde con justo título para ser considerado como el primer sacerdote de la religión pura en las costumbres del Perú. Desgraciado desde la cuna, sufriendo constantemente los reveses de la fortuna, de la justicia y de la ingratitud de aquellos que amara, bebió en la copa del infortunio los disgustos que amargaron sus días y lo condujeron a meditaciones concentradas y piadosas, cuyos dulces frutos, expresados con tintes de sentida melancolía, dejó en sus composiciones, intituladas Consuelos de la vida. En ellas trata, en bellos versos, de las mágicas impresiones de una madre, de su encantador cariño, de la historia de los sentimientos suaves y delicados; y todo con aquella unción evangélica, con aquella virtud de un corazón puro y de una inteligencia sorprendente y delicada. Es triste y hasta humillante para el Perú la idea de que esta pieza, que se encuentra inédita y cubierta de polvo en la biblioteca de uno de los conventos del Cuzco, y de la cual fueron insertados algunos fragmentos en el Mercurio de Lima, haya quedado hasta hoy sin ser publicada, habiendo el autor recibido más homenajes en el exterior que en su propia patria.

La historia de la rebelión de Ollantay y de los actos de patriotismo y de virtud de Rumiñahui, antiguos generales del Perú en el tiempo de los incas, historia patética y digna de servir de argumento al autor de la Alcira para un drama que haría correr lágrimas deliciosas de los ojos de los espectadores, había permanecido ignorada y olvidada en el Perú; y ninguno de los que describieron los antiguos acontecimientos de este país, ni aun el mismo Garcilaso, lo que es más de extrañar, había tocado en una parte tan interesante de la historia de los incas, no solo por la naturaleza del asunto en sí, sino también por la luz que derrama sobre el carácter de los antiguos peruanos. El cura Valdez, hijo de la ciudad del Cuzco, amigo de las antigüedades de su patria y dotado de un genio poético particular que lo hizo escribir muchas bellas poesías en la dulce y enérgica lengua quechua, entre las cuales es digna de Ariosto la traducción que hizo de esa tierna despedida: «Ya llegó el fiero instante, Silvia, de mi despedida» imitada por Arriaza de aquel poeta italiano; fue quien hizo este servicio a su país, arrancando del olvido la historia de Ollantay y de Rumiñahui, y dando más brillo a la primera aurora de la literatura peruana. Con todo, su manuscrito, del cual se extrajeron algunas copias, no fue conocido sino por unos pocos curiosos hasta el año de 1841, en que fue publicada en el Museo Erudito del Cuzco. Habiendo posteriormente llegado un ejemplar de esta obra a Valparaíso, donde se encontraba el ilustre peruano Felipe Pardo, expulsado por las tempestades de la revolución, consagró su musa feliz a la composición de un poema sobre el caso de Rumiñahui, del cual haremos mención particular cuando hagamos el bosquejo del estado de las letras en el Perú, en su tercera época.

«En todos los siglos, dice M. Villemain, en que el espíritu humano se afecciona por el cultivo de las artes, se ven nacer hombres superiores que reciben la luz, la exponen y van más lejos que sus contemporáneos, siguiendo sus mismos pasos. Cosa más rara que un genio que nada debe a su siglo, o mejor dicho, que a pesar de su siglo, se coloca por sí mismo y solo por la fuerza de su pensamiento a la par de los escritores más completos, nacidos en los tiempos más cultos.» Este juicio de Villemain, es en todo aplicable al genio y a los escritos del doctor don J. de Castro, que citamos en el capítulo 1.º de esta obra. Él escribió como Montaigne con el auxilio de su razón y de los antiguos, y sola su obra puede hacer la gloria literaria del Perú, como la de aquel filósofo puede hacer la de Francia. Con este docto eclesiástico comienza el siglo de oro del Perú, que anteriormente ya mencionáramos: dueño de una erudición vasta, dotado de una imaginación viva y activa, escribió sus Fiestas Reales de Cuzco en un estilo cuyo dicción pura y correcta y cuya profundidad y armonía en sus frases, harán que éstas sean siempre leídas con placer, en cualquier idioma en que se encuentren escritas. Al leer sus descripciones, se siente el lector realmente transportado al medio de aquellas escenas y de aquellos pueblos cuyas costumbres pinta con tan vivos colores.

Cuando los estandartes de la libertad se agitaban en las provincias del Cuzco, de Arequipa y de Huamanga, bajo el comando del intrépido y patriota Pumacahua, el joven Melgar, natural de Arequipa, hizo escuchar, a la edad de sus veinte años, los melancólicos y dulces ecos de su elevada poesía. Arrasado su pecho, en la hora prematura, del fuego eléctrico de la libertad, y sumergido al mismo tiempo su corazón en una voluptuosa y pensativa sensibilidad, esclavizado por la beldad ideal que le forjara su alma, escribió sus canciones patrióticas, que inflamaron el pecho de sus conciudadanos, y sus tristes, que hasta hoy se cantan en los yaravis peruanos y que hacen correr lágrimas a cuantos los escuchan. Cada triste es un cuadro en que se relata el amor melancólico con tanta verdad, que lo vemos allí vivo y en movimiento, tal como lo sentimos en el mundo ideal y tal como lo descubrió aquella mujer que nació y vivió solamente para amar. Y cada canción es un toque eléctrico que responde a los impulsos del patriotismo y exalta el vuelo de la virtud cívica, arrebatándonos ya hasta el zenith dorado de los Andes, ya hasta las remotas playas del Pacífico, desde donde las dirige a su patria el tierno y melancólico cantor. He aquí lo que dice Miller de Melgar en sus Memorias sobre el Perú: «Melgar, joven de veinte años y natural de Arequipa, fue el Moore del Perú, sus melodiosos yaravis habrían honrado al autor de Lallah Rock».

En un asunto más elevado y santo, en la religión, se distinguen también, en esta época, muchos eclesiásticos y religiosos, especialmente entre los segundos, que del púlpito hicieron oír la voz de una elocuencia edificante y persuasiva. En este género o en esta parte de la literatura solo citaremos a Olavide y Lunarejo, cuyas obras fueron publicadas, del primero como escritor y del segundo como orador.

Olavide, amable y sincero, como Fontenelle, e injustamente perseguido por el fanatismo, como Descartes; nacido en las márgenes del río que baña la ciudad de los reyes, hizo oír, en la edad de las esperanzas, desde las heladas paredes de su prisión, en la patria de Chateaubriand, los sublimes ecos de la religión consoladora, acompañados de todos los encantos de un estilo ameno, insinuante y elevado. La Bruyere, confundiendo los espíritus fuertes, y Masillon, cautivando su auditorio con fuerza irresistible, no ganaron quizás tantos corazones para la religión de Jesucristo, como aquel sublime diálogo, o conversación, que en la celda solitaria de un convento tiene lugar entre un fraile y un hombre mundano que, aun en la intensidad de sus remordimientos por la víctima que acaba de sacrificar, desafía y combate la verdad de la revelación. La obra de Olavide, El Evangelio en Triunfo será leída con ansia, mientras existen en el corazón del hombre los sentimientos de la religión; y el Perú, su patria, lo recordará siempre con gratitud, como uno de los que más brillo ofreció a su gloria literaria.

Lunarejo, así llamado por un bello lunar que le daba gracia a su fisonomía, se dedicó en edad prematura a las ciencias divinas y metafísicas. Su prodigiosa memoria, que a la edad de dieciséis años lo hizo dominar el latín y el griego, y lo hacía repetir oraciones enteras de Cicerón, su autor favorito, dio origen a la creencia, hasta hoy existente, de que, encontrándose estudiando en el colegio de San Antonio Abad del Cuzco, donde era natural, en una noche en que salió a tomar el agua de la pila de este establecimiento, fue iluminado por su estrella que le imprimió la señal en testimonio de la ciencia que le infundió; pero, ni este cuento, ni sus merecimientos literarios que eran grandes, ni sus sermones en particular que tienen aquella unción de Fenelon y de Flechier, aunque de estilo, menos culto, bastaron para abrirle el camino a la luz pública a través de la voluptuosa inercia de su tiempo. Con todo, sus manuscritos permanecen guardados en las bibliotecas de los colegios y de los conventos del Cuzco; los eruditos los leen con ansia y los oradores del púlpito de ahí sacan sus tópicos.

Entre todas estas obras destaca el Mercurio Peruano, que sola basta para hacer la gloria literaria del Perú. Escrita en una especie de gaceta literaria, y por consiguiente con la rapidez que exige la redacción de obras de esta naturaleza, se colocó no obstante en el número de las obras primas; y, en su género, tal vez sea la primera de cuantas, hasta hoy, fueron escritas en español. La gran variedad de materias que contiene, la verdad con que están pintados los caracteres, las pasiones, los celos, la tierra, las aguas, toda la naturaleza, el estilo en fin, ya grande, ya elevado, ya fluido y simple, no obstante, siempre natural, siempre adecuado, harán que dure tanto como la lengua de Carlos V. El Mercurio Peruano fue a un tiempo para el Perú, lo que fueron el Espectador para Inglaterra y el Novum Scientiarum Organum para Europa: con la circulación de esta obra periodística, las costumbres se despojan de su elemento grotesco, recibiendo en cambio un tono de más dignidad y elegancia; la filosofía salió del oscuro laberinto que la envolvía; la poesía se exaltó a la altura del pensamiento y se revistió con los colores de la lengua de Virgilio; la prosa, por último, dejó su áspera rudeza por una forma más culta y amena. Addison y Steele encontrarían armonía entre las bellezas de su moral y de su estilo con las del dulce y sensible Unanue; Bacon y Locke no dejarían de entrever en los pensamientos de Baquíjano los vestigios de su vasto entendimiento, y Fedro y Lafontaine encontrarían quizá también, en las fluidas y sencillas composiciones de Panphilo y de Theophilo, aquella gracia, aquella originalidad de invención y aquella ingenuidad feliz que los inmortalizaron.

Este y otros escritos de menos importancia forman la literatura del Perú, en tiempos de la dominación española, y son una prueba de que, en circunstancias menos favorables, existen en cada generación almas que no pueden ser subyugadas, entendimientos que, por su fuerza y energía natural, se abren camino a la libertad del pensamiento y ejercen la soberanía del genio sobre la multitud pasiva e ignorante.

Capítulo VII. Religión

La religión católica tuvo importante papel en la vida de los pueblos de esta tranquila época; era el principal lazo de la armonía entre los hombres, era el punto central donde irradiaban todas las luces y el estandarte universal ante cuyas divisas de paz se reunían todas las opiniones. Por todas partes y a toda hora predicaban sus ministros la concordia de los fieles para no romper la unidad del culto; por todas partes era su voz escuchada con respeto; todas las clases, todas las edades se sometían a sus preceptos, y aun las más fuertes pasiones se calmaban a la más leve de sus insinuaciones. El clima, el celo del clero, los trabajos solícitos de los frailes y la educación que habían los pueblos recibido de los españoles, sin que, durante tres siglos, hubiera sido alterada por ningún contacto con extranjeros, habían inspirado en los peruanos este profundo respeto por la religión y esta constante adhesión a sus prácticas.

Entretanto, como aquellos antiguos tiempos se hallaban cubiertos de una atmósfera nebulosa que aún no había podido penetrar la luz de la filosofía, como se creía únicamente porque se mandaba creer y porque se había creído antes, como la razón estaba prohibida de instruirse y de convencerse por sus propios medios de las verdades de la religión; el pueblo peruano, como todos los demás pueblos de la América española, era un pueblo más devoto que religioso, y la religión consistía más en las prácticas que en el corazón. Aquellas verdades estaban consignadas en la ciencia de los teólogos, que habían hecho de ella un misterio donde no podía llegar la mirada de los otros hombres; sin embargo, los religiosos, con el poder del confesionario y con las armas de la elocuencia del púlpito, hacían más que ellos. Señores de la voluntad del hombre y conocedores de los más ocultos secretos del corazón humano, dirigían las conciencias como querían y como más convenía al espíritu del catolicismo y a la extensión y firmeza del poder monacal. Indicaban al pueblo las relaciones de fraternidad y de conformidad, ligaban a las familias de una manera inseparable, enseñaban a postrarse ante Dios y a tributarle día y noche rendidos homenajes de alta veneración; faltaba, sin embargo, que sustentasen la existencia intelectual y las esperanzas de la felicidad, con una instrucción más sólida que pusiera en evidencia la alianza de la religión con la filosofía y con la razón.

En cuanto a la pompa del culto y al cumplimiento estricto de los deberes externos del cristiano, no se habría el Perú rendido ante ninguno de los países más afamados del orbe católico. La magnificencia y riqueza con que estaban adornados los templos, sobre la cual hicimos mención en el capítulo primero de esta obra, correspondían en todo a la solemnidad de las prácticas religiosas, a la majestad con que se celebraban los oficios divinos y al fervor y consagración de los fieles presentes. Durante el sacrificio de la misa, a la que, por ninguna razón del mundo, faltaban los fieles en los días de precepto, reinaba un recogimiento verdaderamente edificante. Genuflexiones, postraciones, lágrimas, golpes en el pecho, limosnas que llenaban de oro y plata las alcancías, nada faltaba para tornar más majestuoso el culto. Hombres y mujeres, viejos y niños, todos se veían postrados durante el santo sacrificio, sin que sus miradas, fijas en el sacerdote, se distrajeran un instante ni aun con la lectura de los libros sagrados; todas las oraciones se repetían de memoria y con la más grande exactitud.

La semana santa en Roma ha sido relatada por mil plumas, por la solemnidad y reverencia religiosa con que se practican las ceremonias del cristianismo en esa antigua soberana del mundo; pero, si en Roma son más grandiosos y graves los días consagrados a la contemplación de los sagrados misterios de la pasión de Jesucristo, es porque aquí la ciudad de los Gracos y de los Catones está confundida con la ciudad de los Leones y de los Gregorios, el Vaticano de los Papas con el foro de los tribunos, el poder de Inocencio III con la gloria de César; porque en la antigua república, la teocracia de la edad media, el politeísmo y el catolicismo reunieron juntos grandes recuerdos que incitan a invocar el porvenir; porque, finalmente, en esta metrópoli del universo, que, sin ser tercera vez la reina del mundo, sirve todavía a la humanidad de templo, de museo y de foro, se reúnen hombres de todas partes de la tierra para pedirle las emociones de la historia, del arte y de la religión. Únanse estos prestigios a la ciudad de los reyes, y el lujo y la pompa del culto católico en ella no cederá paso, tal vez, al que se ostenta en la ciudad eterna; desea la catedral de Lima la grandeza que en la Basílica de San Pedro imprimieron el genio de Rafael y el poder de los papas, y también la grandiosidad de aquel vasto templo, la inmensa multitud que a ella concurre, el lujo de su servicio y la riqueza de sus ornamentos y vestuarios, causarán la misma impresión que en este primer templo del mundo, y exaltarán de tal modo la imaginación del observador profundo, que podrá exclamar arrebatado, con el devoto de la Catedral de Sevilla: «¡Dios mío!, ¡si queréis más culto, bajad y decidnos, de qué manera!».

La impresión religiosa y profunda que se siente en la celebración de las ceremonias de la Semana Santa en la capital del Perú, no podría nunca ser explicada con exactitud; hasta los extranjeros que asisten a esas ceremonias como simples espectadores, se sienten conmovidos muy a su pesar, y coadyuvan la sagrada pompa con aquel aire de gravedad que se comunica a cuantos concurren a esas solemnidades. Durante los días de la Semana Santa, reina en toda la ciudad un recogimiento religioso y austero que se extiende más allá de los muros y aun de su comprensión. En estos días, ni se hacen visitas ni se celebran tertulias, y las horas que no se emplean en fiestas religiosas se usan en prácticas de devoción, con ejercicios espirituales y en actos de caridad cristiana. Entre esos días, el que más se distingue es el Viernes Santo, ya por los estrenos que en él se hacen, ya por las ideas de elevación que los acompañan, ya por la pompa con que los llaveros hacen sus visitas a los templos, ya por la gran ceremonia de los lavapies, ya, en fin, por los magníficos monumentos que se levantan en cada altar mayor, donde el brillo de cien mil luces, el contraste de las aguas de colores, el matiz de las flores, el esplendor de los adornos de oro y plata y la armonía de la música sagrada, acompañando el canto melancólico de las lamentaciones de Jeremías, llevan al alma sensaciones que parecen erguirla de la tierra y transportarla a los cielos.

El Corpus-Christi de Lima se celebra también con lujo asiático y con una magnificencia semejante a la que se despliega, en ese mismo día, en Florencia. Las grandes imágenes de los santos que salen en esta procesión son de tan extraordinario merecimiento, que parecen animarse en su marcha solemne por en medio de los flancos que forman las tropas alineadas en batalla. Los altares que visita y donde descansa el cuerpo de Jesucristo se forman en la plaza mayor, ocho días antes, a elevado costo; en ellos no se ve otra cosa que el brillo de las piedras preciosas que cubren los vestidos de los ángeles, de las vírgenes y de las urnas que adornan con profusión estos altares, fantásticamente variados en formas y en tamaños, por el orgullo, por la devoción y por la rivalidad de los gremios de obreros que en esta función religiosa emplean todas las economías que hicieron durante el año entero y hasta el fruto de las privaciones a que piadosamente se condenaron. Cada santo que sale en esta procesión, por la tarde, hace por la mañana, acompañada de una porción de fuegos artificiales, su entrada a la catedral, después de bajar de su parroquia con una pompa que bastaría para solemnizar el día. El costo de estos fuegos artificiales podría ser calculado de 40 a 50.000 pesos por año. Y si es éste el gasto que se hace solamente con la pólvora, ¿cuál no será el que se realiza con los demás objetos? Este es día de gran gala para las damas y para los mozos peruanos. Durante la procesión que va el pueblo acompañado en mística contemplación, se encuentran las altas clases en los balcones y en las salas que dan para la plaza, en la fuerza de la galantería, ostentando las mujeres sus formas voluptuosas, y los hombres su comedimiento y caballerosidad; mientras giran las botellas de moscatel y se cruzan los vasos de cerveza y de refrescos; y, para hacer más fuerte el contraste de este espectáculo de religiosidad mezclado con inmoralidad, al mismo tiempo se suceden otras escenas, las orgías que representa el bajo pueblo dentro de las carpas levantadas detrás de los altares.

En la noche se iluminan los altares y las visitas que reciben de todas las clases singularmente confundidas, en virtud de una costumbre consagrada por el templo, forman el complemento de la función del Corpus Christi. En esa noche se hacen grandes conquistas; el sexo bello, la altiva belleza, pierde algo de sus prerrogativas, y los amantes enamorados logran algunas miradas furtivas; ciertas damas también salen disfrazadas a gozar de una entrevista que no podrían gozar en ninguna otra ocasión.

Sin embargo, entre todas estas fiestas religiosas, del Perú, y aun del mundo católico, no habrá tal vez ninguna que pueda compararse con la procesión del Señor de los Temblores que se realiza en la ciudad del Cuzco en la tarde del Lunes Santo. Imposible sería hacer una descripción cabal de esta sublime congregación, porque hay cuadros, que solo pueden ser pintados por el pincel de Rafael, y hay escenas que solo pueden ser vistas pero nunca descritas. Con todo, como nada puede dar mejor idea de las creencias y costumbres religiosas de un pueblo que la descripción de las festividades de este género, nos esforzaremos por dar, concluyendo este capítulo, un toque leve sobre esta celebrada procesión, previniendo con anticipación que todo cuanto podamos decir de las circunstancias que la engrandecen no será sino una copia muy débil del original.

En esta romántica ciudad del Cuzco existe un Cristo crucificado de una expresión de fisonomía tan majestuosa y de facciones tan divinas, que al verlo se podría creer que es el mismo Jesucristo en la hora en que expiró en el Calvario para consumar la obra de la redención del género humano. He aquí lo que dice la tradición popular sobre esta imagen.

Fue ella traída de España por los vientos sobre las olas del Océano, dentro de un cajón de roble, trabajado por los ángeles; llegó a las costas del Pacífico y fue allí encontrado sobre la arena por un viajero que, habiéndose extraviado en el gran desierto de Tacana, pudo alcanzar la playa del mar.

Cuando lo divisó por la primera vez, lo vio circundado de una aureola que irradiaba luz a distancia, aproximose a él como guiado por una fuerza secreta, y escuchó una voz que le decía: «Llévame a la ciudad del Cuzco, porque quiero ser su protector». El extraviado se sintió reanimado por estas palabras, y, poniendo en ese mismo instante el cajón sagrado a su espalda, comenzó a caminar día y noche, sin encontrar obstáculo ni sentir hambre ni sed durante su largo viaje, en el cual atravesó ríos y montes, precipicios y planicies que nunca nadie antes atravesara. Cierto o no este relato religioso, la verdad es que este Cristo debió haber sido obra de algún gran maestro del genio de Praxiteles o Ticiano; todo en él indica alta capacidad, vasta concepción y mucha arte: los síntomas de la última agonía del hombre Dios que expira, la expresión piadosa que aun en el divino rostro le resta del último ruego que hace a su eterno padre en favor de los hombres, y el último suspiro de misericordia que por ellos dirige, se ven tan vivamente representados en esta imagen, que se cree estar viendo realmente al Mesías tal cual lo anuncia el Evangelio. Y ese cuerpo manchado de sangre, esas contusiones, esas marcas violáceas de sus mil heridas, esa llaga abierta, esa actitud sublimemente patética, unido a ese color oscuro y melancólico que le dieron el humo y el tiempo, hace que nadie pueda aproximarse a él sin temblar.

Esta imagen nos hace recordar aquel crucifijo, en pintura, que existe en el Vaticano de Roma, mandado hacer por Sixto V. El célebre pintor que lo hizo, lisonjeado por las grandes recompensas que le ofreció el pontífice, en el caso de hacer un cuadro vivo de la muerte de Jesucristo, concibió una espantosa idea, cruel y original al mismo tiempo. Buscó un pobre de la más bella y majestuosa figura que se pueda imaginar, que la casualidad le permitió encontrar en la misma ciudad: comunicándole la orden que tenía del papa y las recompensas que le prometiera, le dijo que la copia que sacase de su cuerpo sería la más perfecta, y que el precio que recibiese lo repartiría con él. El infeliz mendigo cayó en el lazo del pintor, se hizo conducir a un lugar apartado donde se dejó suspender de una cruz sin movimiento, y cuando menos pensaba, recibió en el corazón un feroz lanzazo que le quitó la vida. El pintor de inmediato comenzó a copiar la actitud de su víctima expirando, y este cuadro dicen ser uno de los mejores que adornan la moderna Roma.

Habría sido necesario un caso semejante para haber copiado facciones tan vivas y actitud tan propia como la del Señor de los Temblores.

Esta imagen existía en Cuzco desde los primeros tiempos de la fundación de esta ciudad por los Españoles.

En 1760, sintiéronse en Cuzco grandes temblores de tierra, los cuales repitiéndose en intervalos de horas durante el espacio de 8 días, en que se desmoronaron algunas casas y pereció mucha gente, parecían amenazar con una destrucción universal y anunciar la llegada del día del juicio, según dice la tradición. Corrió entonces el pueblo a pedir amparo a este Señor, y lo llevaron en procesión, implorando su misericordia para suspender el flagelo con que los quería castigar. Los temblores cesaron, y desde entonces continúa esa costumbre, el Lunes Santo de cada año, día en que cesaron los temblores.

A las dos horas y media de la tarde de ese día solemne, el toque fúnebre de las campanas anuncia la aproximación de la hora en que el Señor de los Temblores va a aparecer en medio de su pueblo. A las tres y media de la tarde, ya el vasto recinto de la catedral está lleno de una multitud inmensa que espera en profundo silencio oír las palabras del sacerdote escogido para hacer la elocuente reseña de los padecimientos del Salvador del mundo. Arrodillados los fieles sobre la losa húmeda entre la sombra que proyectan las enormes columnas de granito, con los brazos cruzados, y la mirada al suelo, donde dejan caer algunas gotas de piadosas lágrimas, presentan al espectador atónito el cuadro más sublime y más patético de arrepentimiento cristiano. Todas las paredes del templo, los altares, los nichos están forrados de terciopelo negro, y hasta el pavimento está alfombrado con ese tono. Solo se ven algunas luces que brillan tristemente en el sitio pascual, mientras que algunas voces melancólicas cantan una lamentación del profeta Jeremías. Dan las cuatro y aparece en el púlpito el orador: un movimiento súbito e involuntario deja oír un susurro sordo, al cual sigue un silencio sepulcral. Se pronuncia un elocuente discurso, y el orador lleva consigo el triunfo de haber convertido algunas almas. Terminado el sermón, resuena de inmediato en las bóvedas del templo la majestuosa armonía del órgano, acompañado del coro de voces humanas que repiten el sublime Stabat mater. Enseguida se alza el anda en los hombros de los sacerdotes y de otras personas principales de la ciudad que disputan entre sí la dicha de cargar la imagen santa. Después de las cuatro, principia la procesión. A esa hora, la amplia plaza de las Lágrimas, la plaza del Regocijo y la placita de Santa Teresa, están llenas de un pueblo inmenso que apenas permite el movimiento: sobre las cornisas del frontispicio de la catedral y de otros templos que visita el Señor, en las ventanas, en los balcones y en las esquinas de las calles transitadas, se agrupan centenares de mancebos, provistos de cestas de nuccho para derramar sobre el cuerpo santo esta flor violeta que se asemeja a su preciosa sangre. Se presenta el Señor en la puerta de la Catedral, y el pueblo lanza un grito que ensordece y se dilata, cual estruendo de huracán en vasta región: momento sublime; y ¿qué pincel podría pintar este cuadro? Viene el silencio y la procesión comienza. Adelante las comunidades de religiosos, luego los cuerpos colegiados del seminario de San Bernardo y de los Huérfanos; sigue luego el cuerpo de los doctores con sus respectivas vestimentas; después marchan los funcionarios del poder judicial, y por último vienen las autoridades políticas y militares del lugar, vestidas de gran parada y presididas por el jefe supremo de la provincia. Todos los que forman este acompañamiento traen una faja negra atada al brazo izquierdo y velas encendidas en la mano. Al pie del anda y entre los canónigos y obispos, los penitentes, vestidos de paño blanco y con la cintura ceñida por un grueso cordón, caminan, cual espectros, con paso lento y actitud fúnebre: unos llevan la cabeza adornada con una corona de espinas que les hace correr la sangre por el rostro, otros van con el cuerpo cubierto de agudos cilicios, éstos traen chícharos y piedras menudas dentro de los zapatos, aquellos caminan descalzos; algunos vienen cargando barras de fierro, otros finalmente marchan con la espalda descubierta, recibiendo sobre ella los más duros golpes, cuya vista ofrece un espectáculo asustador. El cerro de Sacsai-Huaman, que domina la ciudad, está también cubierto de cientos de penitentes, mientras dura la procesión.

Son sublimes todos los momentos de esta escena. Cada vez que el crucifijo se inclina más a un lado que a otro, por el peso de la enorme anda de plata que aflige los hombros de quien la carga, el pueblo se estremece de susto y da un grito prolongado que se deja oír a leguas de distancia; luego viene el silencio cuando el anda se endereza. Esta reunión de hombres, mujeres y niños, de extranjeros, aldeanos y peregrinos que de todas partes acuden a esta solemnidad, este movimiento oscilatorio de un pueblo inmenso, este susurro semejante al ruido sordo de las olas del mar, esta majestuosa y celestial presencia del Redentor alzada a la vista de doscientas mil almas, bajo la luz opaca de un cielo nublado, esta sucesión alternada de gritería y de silencio, ese tañido penetrante de las campanas que se escucha de diferentes iglesias, esa multitud de rostros compungidos, de ojos bañados de lágrimas, esas graves fachadas y elevadas torres de la catedral y de la iglesia del convento de los Jesuitas que se levanta majestuosamente en la gran plaza del dolor, ofrecen un espectáculo tan grandioso, tan patético y tan sublime, que el culto católico no presentará otro igual en el mundo.

Después de haber visitado el crucifijo los templos de Santa Teresa y de Nuestra Señora de las Mercedes vuelve a la catedral, donde se le hace avanzar tres veces y retroceder otras tantas, figurando con esto la despedida que hace a su pueblo hasta el año siguiente. Jamás se podrá describir la agitación y el murmullo de este mar de hombres, en cada uno de aquellos movimientos. Quien haya visto las olas del mar en tempestad podrá formarse una idea de ese cuadro. Llevando el crucifijo a la puerta principal de la catedral, lo inclinan hacía adelante, significando con esto la última bendición que imparte a su pueblo; parece que en ese momento se le escuchara salir de los labios esas palabras últimas con que en el Calvario imploró a su amado Padre el perdón de los hombres. ¡Qué cuadro tan patético! no hay alma qué pueda permanecer insensible; sin embargo, el conjunto de todas las circunstancias que lo conforman y engrandecen podría también asemejarse al día del juicio universal, tal como lo describió Massillon cuando hizo correr aterrado a su auditorio en la Iglesia de Notre Dame. En medio de esta sublime escena, debería Bossuet haber hecho tronar la voz de su elocuencia; a ella deberían de haber concurrido todos aquellos que han pretendido arrancar del corazón humano los sentimientos de la religión.

Después que el Señor torna a entrar en su templo, el pueblo se precipita al mismo para ver por última vez a su Salvador, que es colocado en su capilla, en medio de una admirable distribución de centenares de luces. En este último acto, la apretura ahoga la respiración, y la piedad de este pueblo devoto ofrece a la religión el sacrificio de algunas criaturas asfixiadas o incapacitadas para siempre.

Época segunda

Capítulo I. Estado del Perú en el tiempo de San Martín

La historia del mundo rara vez ofrece un espectáculo más interesante que aquel que presentó la América Meridional en el tiempo de la guerra de su independencia; nunca tal vez el espíritu humano había recibido en sus diversas fases un impulso tan notable como el que recibió en esta parte del nuevo continente, cuando sacudiendo como por encanto el polvo de tres siglos de sombras, y esforzándose generosamente por romper las cadenas con que el viejo mundo lo había atado a su carruaje, invocó a su favor las luces del siglo XVIII y se apropió de los restos de libertad, que las revoluciones antiguas habían depositado en su historia: ¡nunca hubo teatro tan vasto, ni mayor número de actores! La naturaleza moral y física se sometió en esta época singular a la prueba de la luz meridiana. Una multitud de estados repartidos bajo diversos climas, sobre lugares en todo diferentes, aparecieron de pronto en la escena del mundo, colocáronse separadamente, o en grupos, en posiciones análogas, y por la primera vez se vieron obligados a pensar y a obrar por sí mismos; las opiniones, las costumbres, las leyes y aun las antiguas preocupaciones se confundieron con las nuevas instituciones, con los nuevos conocimientos, con los nuevos usos y con los nuevos principios. Llevando al frente el pabellón de la libertad, marcharon pueblos distintos afrontando las eventualidades y situaciones, que el acaso y mil incidentes imprevistos hicieron nacer en medio del choque de los intereses y de las pasiones, porque todas se desencadenaron obrando con violencia para crear nuevo orden de cosas.

En este inmenso teatro de la lucha de la libertad con la tiranía, representó el Perú un papel notable, tanto por la fama que su riqueza le había dado, como por el recuerdo de sus hechos históricos; pero, fue el último país donde se proclamó la independencia y donde se enarboló el pabellón de la libertad. Fue su situación geográfica la causa de esta demora. Buenos Aires, por su aproximación al cabo de la Buena Esperanza y por la facilidad de sus comunicaciones con Europa había adquirido, hacía ya mucho tiempo, medios de proveerse de una suficiente masa de conocimientos, que no pudo introducirse en el Perú. Chile, al principio debió a Buenos Aires sus luces, y después, a sus relaciones directas con Inglaterra y con la América del Norte. Colombia, aunque teatro de guerras sangrientas, tenía la ventaja de estar cerca de las Antillas y de América del Norte. México se comunicaba no solo con estos mismos países, sino también con Europa. Así, todos ellos tuvieron por uno o por otro motivo ocasión de juntar gran riqueza de luces; y aun cuando el tiempo no les hubiera permitido aprovechar de ellas, era un germen que debía desarrollarse más tarde. Mientras tanto el Perú, desgraciadamente privado de comunicaciones directas con las naciones ilustradas de la tierra, fue el último lugar donde los primeros rayos de aquellos conocimientos penetraron a través de las nubes del error y de la superstición. El pueblo, ignorando aún sus derechos, necesitaba de tiempo y dirección para llegar a conocerlos. El progreso gradual de la inteligencia humana entre los otros estados de la América Meridional preparó insensiblemente los ánimos para un nuevo orden de cosas. En Chile y en otras partes los elementos de explosión se acumularon en silencio; bastaba poner fuego para causarla; pero, en el Perú, donde las materias no habían sido predispuestas, se dependía de más tiempo para consumar la obra de la independencia. En verdad, el Perú, mucho antes que algún otro estado de América, había ya sido el teatro de insurrecciones y guerras revolucionarias, en las cuales se derramó la sangre de los primeros mártires de la independencia. Túpac Amaru, Ubalde y Aguilar, Pumacahua, Farfán, Angulo, Villalonga, Picoaga, y otros hombres eminentes, habían dado ya el ejemplo de un noble sacrificio por la causa de la libertad, pero esto no era el resultado de grandes combinaciones políticas, ni el efecto de la disposición de masas para dar una nueva faceta a sus destinos; era la consecuencia de la opresión llevada al extremo, eran a veces algunos rayos de inspiración, que bajaban de lo alto sobre el espíritu de algunos hombres privilegiados; eran en fin revoluciones parciales cuyas argollas se quebraban con el peso del sistema reinante.

En medio de estas tempestades la capital del Perú permanecía tranquila; sus habitantes mantenían el mismo lujo y el mismo carácter de negligencia hasta el día en que el general San Martín tocó sus puertas de oro. El estruendo de los cañones de este guerrero fue lo primero que despertó a este pueblo de su letargo. Entonces el Perú sufrió un cambio prodigioso y repentino en su estado político, moral y literario.

Acostumbrados los limeños a gozar de todas las comodidades de la vida por una serie ininterrumpida de siglos, se vieron reducidos a la más deplorable situación, al encontrarse de pronto sitiados por mar y tierra, en medio de sus placeres y de su ocio. Los españoles, tan orgullosos de su nacimiento y educación, fueron doblemente ofendidos por la vergüenza de sus reveses y por las privaciones que nunca habían antes experimentado. En medio de esta sorpresa y agitación causadas por la transición repentina del reposo a las conmociones, comenzaron a aflojarse los lazos sociales, y a confundirse las afecciones y los sentimientos. La influencia del tiempo llevaba su acción al seno de las familias; los vínculos de consanguinidad se hallaban relajados por efecto de la disensión en opiniones públicas; unos consultaban sus conciencias, otros sus intereses, éstos sus temores, aquéllos sus esperanzas. La sinceridad, la confianza, que hasta allí caracterizaron los días felices de paz, desaparecieron en el mismo momento en que la unión podía ser la única salvaguarda y la garantía única contra los embates del tiempo. En épocas anteriores se denominaba Lima el paraíso de las mujeres, y desde ese momento perdió para siempre esa soberanía, y su sociedad no ofrecía ya ningún atractivo; la miseria y las vicisitudes políticas ocupaban el pensamiento a todas horas. El recuerdo del prolongado reposo que antes se gozara, hacía más sensible la presencia de las calamidades actuales. En otros tiempos, decían los habitantes de la capital, era nuestra ciudad la morada de los placeres: la fortuna y la felicidad eran nuestras fieles compañeras; no teníamos otra ocupación que gozar de los dones del cielo, ni otro recelo que un temblor de tierra.

Mientras que el ejército libertador hacía brillar sus armas frente a la capital, y los pabellones de Chile, ya libre, se enarbolaban en el palo mayor de los barcos que entraban al Callao, los españoles, que no tomaban jamás una resolución, sin antes haberla estudiado largamente, solo se ocupaban de repetir enfáticamente las desgracias del tiempo, y de recriminar a los anteriores gobernantes del Perú: así, se dejaba de lado el objeto principal del asunto, el medio de salir de embarazos y el partido que se debía tomar. Entretanto, los cimientos del grotesco edificio de la administración colonial se desmoronaban sensible y rápidamente. Una revolución militar, la primera que tuvo lugar en todo el tiempo que duró la dominación española en el Perú, fue el primer revés que anunció su última ruina. Sin que los españoles comprendieran, que el torrente de los acontecimientos se precipitaba con ímpetu de todos los ángulos de América en favor de la causa de la independencia, atribuyeron los males que sufría el país a la administración del poder ejecutivo, y, concluyendo de una manera decisiva, que el virrey era incapaz de sustentar las riendas del gobierno, lo depusieron del mando y lo substituyeron por el general La Serna.

La superioridad de los talentos políticos y militares de San Martín, los atractivos con que presentaba la causa que defendía, y el arte con que sabía apoderarse de la imperiosa influencia de la opinión pública, bien prontamente hicieron desvanecer las esperanzas lisonjeras que se habían depositado en aquella mudanza. Los principios liberales propagados por aquel hábil guerrero germinaban y dejaban profundas raíces en el ánimo de los habitantes de Lima; el virrey, conociendo este cambio fatal en los sentimientos nacionales, se juzgó en la necesidad de abandonar la capital, con el propósito de mantener un nuevo sistema de guerra.

Una proclamación apoyada en fundamentos aparentemente sólidos, y escrita en un lenguaje insultante para los Americanos, anunció la intención del nuevo virrey de abandonar la capital. Entonces los incrédulos que hasta ese día se negaban a admitir como verosímiles estos acontecimientos, se entregaron a la desesperación y al pesar. Una consternación general cubrió de luto el horizonte de la ciudad de los reyes. Los hombres marchaban sin un fin determinado: todos temían la crisis: los que no tenían energía no ocultaban su terror, los que estaban dotados de valor no sabían como emplearlo; los irresolutos se encontraban en deplorable situación; los extranjeros que a nadie querían ofender ni enemistarse con los otros partidos, inculcaban prudentemente el principio de seguridad. El bello sexo, si bien profundamente conmovido, obraba mejor que los hombres, desarrollaba más energía, se mostraba menos atemorizado, no se quejaba tanto por más que sufriese, encaraba las cosas desde un punto de vista más ventajoso, y sin afligirse ni afligir a los demás con quejas inútiles o predicciones siniestras.

Obligado el virrey por las circunstancias a cumplir el texto de su proclamación abandonó la gran ciudad, dejando a sus habitantes entregados a temores y a esperanzas; alternativa cruel que tuvo origen en la política del gobierno español, el cual supo insinuar a los Peruanos que considerasen a San Martín como a un hidalgo enemigo, y hasta pensasen que al entrar San Martín a la capital ejercería venganzas en las familias más respetables, sus tropas saquearían las casas y se degollaría a sus habitantes. Acostumbrados los españoles a tratar a sus colonos con bastante malicia en asuntos de política, no querían caracterizar de buena fe el procedimiento generoso de aquel general que les concedía las mayores garantías y grandes consideraciones, en el caso de que consintieran en declarar la independencia del Perú. No obstante, el comportamiento de San Martín, siempre sustentado en su plan de llevar a cabo la independencia, dirigiéndose más a la opinión que apoyándose en la fuerza, y confiando más en la convicción de los pueblos que en los resultados de los combates, acabó con las sospechas que se habían levantado contra sus intenciones.

Desocupada así la mente de los habitantes de Lima de sus nebulosas incertidumbres, los negocios de la capital volvieron a su curso ordinario. Entonces el general San Martín hizo su entrada en la opulenta corte de los virreyes, en medio de las aclamaciones de un pueblo numeroso, que se agrupaba para ver por primera vez los colores del pabellón de la libertad, y la fisonomía del hombre ilustre que la había conquistado. Fue éste uno de los días más memorables en la historia de la república; porque cualesquiera que hayan sido los cambios intermedios por los que atravesó, su libertad fue proclamada en ese día, y porque es al genio de San Martín a quien se debe esa dicha; fue él quien propuso el plan de la empresa, quien le dio el primer impulso, quien lo ejecutó; y también quien enseñó a los peruanos a pensar y a obrar por sí mismos.

Con la entrada de este jefe, se encontraron los españoles confundidos y con gran ansiedad; formaban ellos la clase más acomodada, y por lo tanto, muy delicada era su situación. Si se negaban a abrazar el partido de San Martín, corrían el peligro de ver confiscados sus bienes; si secundaban los proyectos de este general, debían temer a las venganzas del antiguo gobierno, que podía reasumir el mando y castigar a los que lo habían abandonado. Los hijos del país, aunque apoyados por la justicia de su causa, temían igualmente las consecuencias de su procedimiento, tanto más, porque dudaban algunos del éxito de la nueva causa. En general las circunstancias eran melindrosas para la mayor parte de los habitantes de Lima; y el temor y la duda agitaban el pensamiento de cada uno.

En medio de esta confusión de ideas y opiniones la posición de San Martín debía ser la más crítica; porque encontrándose frente a los negocios, era de él de quien todos esperaban protección y seguridad cualquiera que fuese el partido al que ellos perteneciesen; y porque la importancia de sus deberes exigía una extraordinaria habilidad y un profundo conocimiento del corazón humano, especialmente en una época en que se exponía a grandes pasiones y a grandes intereses; pero, San Martín era un genio, y sus ministros poseían grandes talentos y una instrucción vasta, hallábanse entusiasmados por la causa de la patria, y estaban acostumbrados a obrar y luchar en el campo de las conmociones políticas.

La primera medida que tomó este general filósofo fue la de imprimir firmemente en el corazón de los peruanos el sentimiento de la independencia por medio de un acto solemne que los ligaba a esta causa. Fue ésta proclamada el 28 de julio de 1821 bajo juramento de defenderla y conservarla en todo momento. En ese día el Perú se mostró al resto del mundo como una nación, enarbolando un pabellón que era únicamente suyo.

«¡Desde este momento, decía San Martín, el Perú es libre e independiente por la voluntad general de los pueblos y por la justicia de la causa que Dios defiende!» Si hubiese dicho, desde este momento comienza el Perú a dar los pasos para su libertad e independencia, sería más exacto, pues, exceptuando la capital, todo el vasto territorio peruano se encontraba ocupado por los españoles, y porque había aún que pasar una larga serie de vicisitudes y de calamidades antes de conquistar esta libertad y esta independencia. Los patriotas entusiastas, en la exaltación de sus ideas, en medio de aquellas ilusiones seductoras que cercan las esperanzas de un ente a quien los acontecimientos hacen sentir que no ha nacido para la desgracia y esclavitud, pensaban que la simple formalidad del establecimiento de las instituciones liberales era bastante para conseguirlas y gozarlas, cualquiera que fuese el anterior estado de la sociedad. «Desde este momento, exclamaban, el Perú es grande, poderoso, feliz...» ¡Cuán lejos estaban entonces de pensar en los reveses, que habrían de sufrir hasta conseguir quedar definitivamente libres del yugo español! ¡Y cuán lejos aún se encontraban de presentir aquellos tiempos de consternación universal, que caracterizaron la época de su independencia!

Después de las ceremonias de proclamación y juramento de la independencia, la política de San Martín se dedicó al importante aspecto de conciliar las opiniones divididas de los españoles y de los hijos del país, y de hacer que la causa de ambos fuese una sola. Esta política fue digna de su talento, y de sus sentimientos de humanidad. El general San Martín prometió solemnemente respetar sus bienes y sus personas, en el caso de que no contrariasen la marcha de la nueva administración; por una proclamación escrita en lenguaje enérgico y conciso, declaró, que los españoles que continuasen ejerciendo pacíficamente su industria, y que prestasen juramento al gobierno y a las leyes, encontrarían protección y seguridad; que los que no estuviesen de acuerdo con este sistema, se presentasen ante las autoridades a fin de recibir sus pasaportes, para dejar el país, con la facultad de llevar sus bienes muebles —que todo español que, después de haber aceptado el gobierno establecido se declarase culpable de maquinaciones contra su estabilidad, sufriría irremisiblemente todo el rigor de las leyes.

Los españoles no supieron corresponder a este acto de generosidad; murmuraban en secreto, realizaban reuniones clandestinas, y en sus maniobras sordas propagaban maliciosamente el odioso rumor de que San Martín trataba de engañarlos para abusar de su confianza y sumisión. No fue menos odiosa su conducta con respecto a los hijos del país, pues con amargura en el corazón miraban con desprecio insultante a este pueblo pacífico y hospitalario que nunca les hizo sufrir las humillaciones que en otras partes atravesaron en los tiempos de su decadencia. Bien caro pagaron sus imprudencias.

En la época que estamos tratando, el pueblo aún no tenía los conocimientos y capacidad necesaria para formar un gobierno verdaderamente liberal; aún no sentía en toda su intensidad aquel amor por la libertad, de cuya ausencia las instituciones liberales son más perniciosas que útiles, considerando que sus efectos engañan las esperanzas que lo hicieron nacer, y envilecen así ante la opinión pública los principios inmutables sobre los que descansan. Antes del establecimiento de instituciones públicas duraderas, era necesario destruir insensiblemente los preconceptos y el error que se encuentran diseminados por el país, a fin de levantar sobre un suelo virgen los fundamentos del nuevo edificio social.

San Martín, que estaba convencido de la verdad de estos principios, y a quien la experiencia había hecho conocer las desgracias resultantes en otras partes de la América Meridional, al haberse adoptado inmediatamente un gobierno representativo popular, consideró necesario revestirse del poder supremo de la nación bajo el título de protector, prefiriendo así apoderarse del mando de una manera franca y abierta a entretener al pueblo con un simulacro de república, cuando únicamente la mano de un solo mandatario podía salvarla. Una de las causas más poderosas que en otros estados de la América meridional impidió al principio el progreso de las instituciones republicanas, y el establecimiento de un sistema de administración capaz de hacer la grandeza de los pueblos, fue la concurrencia numerosa de candidatos y pretendientes a la suprema magistratura. Aquí el general San Martín se encontró en una posición tan elevada por sus prestigios, por las circunstancias y por la época en que apareció en el Perú, que nadie tenía la pretensión de creerse su rival en talento y merecimiento, y más que todo en la confianza que en él depositaban el ejército y el pueblo. Con semejantes ventajas le fue fácil lanzar las primeras bases de su administración, y hacer marchar las cosas en orden progresivo de adelanto.

Sin embargo, habían aún grandes obstáculos que vencer y muchas contingencias que temer en el curso de acontecimientos futuros. El virrey se hallaba en el interior, preparando elementos para una guerra asoladora; sus intenciones ulteriores eran ignoradas; las probabilidades indicaban que, después de reforzar su ejército volvería sobre la capital para hacer salir de allí al general San Martín. Este plan parecía tanto más susceptible de realizarse, por cuanto las fortalezas del Callao, reputadas como inexpugnables, continuaban reconociendo la autoridad de España. La conquista de esta plaza era, pues, de enorme importancia para el buen éxito de la causa de la libertad.

Este estado vacilante de la nueva administración, el choque que la sociedad había recibido con los cambios repentinos, y la incoherencia de los elementos con que ésta se hallaba confundida llenaban de inquietud a los habitantes de la capital, y hacían más crítica la situación de los españoles.

Sabiendo éstos que se encontraban expuestos a las sospechas y desconfianza del gobierno, trataban de salir del Perú; por otro lado, los peligros que los cercaban, los pesares que sentían estaban contrarrestados por la consideración de las pérdidas que seguían a su mudanza del país. La mayor parte tenía grandes capitales empleados en el comercio o propiedades locales; otros estaban casados; sus mujeres, sus hijos, todas sus afecciones, todos sus intereses los ligaban al país. Era, luego, para ellos un terrible sacrificio abandonar sus comodidades presentes por una tranquilidad incierta, puesto que la anarquía reinaba igualmente en España como en sus colonias. La política más segura en tales circunstancias hubiese sido seguir la suerte del país, adhiriéndose francamente al nuevo sistema de gobierno; pero esta resolución era penosa para hombres educados y alimentados con ideales de monopolio político. La mayor parte de ellos deseaban vivamente el regreso del ejército real, y habían algunos que hasta desconfiaban de la sinceridad de San Martín; y todos actuaban con tanta imprudencia que dejaban translucir su descontento y aversión a la causa de la independencia. Este proceder antipolítico obligó al protector a tomar una serie de medidas violentas, cuyo resultado fue la ruina de muchos españoles y su destierro del país.

Fatigada así la sociedad con tal sucesión de cambios, temía a cada instante nuevos desastres; un egoísmo notable dominaba el corazón de los habitantes, una zozobra profunda imprimía la irresolución de sus actos. Estos sentimientos que eran naturales al comienzo de la revolución, solo podían modificarse después de pasado el peligro y como resultado de un sistema estable. La capital había disfrutado, como ya dijimos, durante un largo período de paz y de placeres; despertando de pronto en presencia de desgracias y peligros. En los primeros instantes difícil le fue distinguir entre lo útil y acertado y lo arriesgado y contrario a la honra. Las circunstancias que sobrevinieron de improviso le eran, totalmente nuevas; por consiguiente, excusables eran su inquietud y su egoísmo. No era una sola la clase que se hallaba afectada por estas pasiones; estaban ellas repartidas por todas partes. La marcha de la sociedad fue de nuevo encadenada, después de haber sufrido las vicisitudes de un sitio; después que la exaltación de los primeros momentos del grito de la libertad había causado males positivos, antes que las cosas se hubiesen colocado en su verdadero lugar; y antes, por último, que la confianza hubiese renacido.

Corrieron algunos meses en estas convulsiones y en tales vacilaciones bajo el gobierno protectoral, hasta que a su término llegó a presentar la capital del Perú un aspecto enteramente nuevo.

El pabellón español ya no ondeaba sobre los castillos del Callao; el puerto, que antes estuviera bloqueado por la escuadra chilena se hallaba abierto a los navíos de todas las naciones; en lugar de algunas naves de guerra desarmadas y de seis a siete embarcaciones mercantes, podía apenas contener el gran número de las que llegaban allí para depositar las producciones de todo el mundo; la bahía, a una milla de distancia del puerto se encontraba cubierta de otras que esperaban su turno para descargar sus mercaderías; una actividad y un estrépito continuado animaban las playas. El pueblo ya no tenía motivos para envidiar a sus vecinos; ya no había contra los extranjeros ni odio ni desconfianza, era la primera vez que podían éstos entrar al Callao sin temer insultos ni vejámenes. Los oficiales de la expedición chilena, cuyo único encuentro había otrora ocasionado una lucha sangrienta, eran entonces los hombres más importantes y más populares del lugar; habiendo ellos mismos formado relaciones de amistad con los que en otros tiempos habían sido sus enemigos.

Esta nueva prueba de versatilidad política, esta facilidad e indiferencia con que una ciudad entera muda de pronto de sentimientos, cuando se trata de sus intereses, debería de haber servido de lección a cuantos tuviesen siquiera un interés o alguna participación en la nueva organización del país. Desgraciadamente los acontecimientos se sucedían con tanta rapidez, que no dejaban detrás de sí los vestigios de su primera impresión; el espíritu de análisis moral que caracteriza los grandes hombres y las grandes épocas de las naciones, aún estaba lejos de este tiempo de infancia.

La capital experimentó también un gran cambio, a pesar de que las circunstancias eran aún inciertas para esperar que el bienestar y la confianza se hubiesen establecido sólidamente. Los antiguos señores de la sociedad se habían retirado, el coloso de sus instituciones estaba por tierra, sus costumbres habían cambiado en parte; pero, nada de durable se había substituido y, como las circunstancias variaban en todo momento, los nuevos usos no habían aún recibido la sanción de la opinión. El conjunto de cosas parecía también diferente; en lugar de las formalidades y lentitud que antes se daba al despacho de los negocios, todo era rápido y decisivo en estos tiempos. El tumulto de las calles y plazas contrastaba con el carácter de los peruanos. Los almacenes estaban llenos de mercaderías inglesas; se veían las calles transitadas por una multitud de negociantes de todas las naciones. La población parecía haber aumentado prodigiosamente.

Este espectáculo agradable de mejoría en la condición peruana se presentaba a la vista bajo los aspectos más placenteros; los grandes beneficios que el progreso de la cultura y de la libertad, producido por los cambios recientes, trajo como consecuencia, eran sentidos por todas las clases; pero, el último resultado probable de los acontecimientos era una materia complicada, si bien que interesante para la previsión de la política. El mal estaba al lado del bien; ¿de qué modo podría pues este bien organizarse; cuándo y de qué manera obraría; en una palabra, bajo qué forma de gobierno podría el estado descansar de sus fatigas y de sus desgracias? He aquí lo que no se podía predecir. Si en medio de esta confusión de ideas, existiese alguien que hubiese podido alcanzar a ver el triste estado a que el Perú fue conducido por sus propios hijos; sí, a través de la oscuridad que rodeaba la atmósfera de estos días, hubiese podido entrever aquella época de sangre, de lágrimas y de crímenes que manchó la historia del Perú constituido en anarquía; habría tal vez preferido permanecer en la esclavitud, antes que ver a su patria sucumbir bajo el peso de los males hechos en nombre de la libertad, o de las calamidades ocasionadas por el abuso de ella, mil veces más terribles que la propia tiranía.

Cuando se esperaba, pues, de un momento a otro que la guarnición del Callao se rindiese obligada por la necesidad, un cuerpo respetable de tropas españolas, venidas del interior, pasaron por delante de la capital y entraron en aquella plaza, con gran admiración de todo el mundo; permanecieron en ella algunos días, y obligadas por la falta de víveres la evacuaron nuevamente, llevando consigo los tesoros, que habían depositado en aquellas fortalezas a la retirada del virrey de la capital.

Tanto en una como en otra ocasión no quiso San Martín aventurar una refriega, a pesar de que las ventajas estaban a su favor. Esta apatía fue fatal para sus triunfos en el Perú; desde ese momento perdió gran parte de su popularidad.

San Martín que no se detenía en consideraciones parciales; cuyo objeto era consumar la independencia peruana, marchando siempre con pasos firmes, dando siempre golpes certeros, sin dejarse nunca deslumbrar con las aparentes ventajas de un triunfo incierto, se dedicó después de estos sucesos a instituir la Orden del Sol, cuya ceremonia tuvo lugar con toda la pompa y magnificencia que podía hacer más ostentoso el acto de ofrecer premio a las virtudes republicanas. En este sentido; obraba conforme a los principios eternos de la naturaleza; conociendo profundamente el corazón humano, a éste se dirigía para hacer más interesante la causa que defendía, para rodearla de todos sus encantos, para asegurarle, en fin, el triunfo que la América esperaba con impaciencia. Así, abría un camino amplio a nobles estímulos y a ambiciones encomiables, a esfuerzos de valor y a sacrificios de patriotismo.

Después de preparar la opinión pública, se ocupó San Martín en reforzar y disciplinar el ejército, en disipar los abusos locales que existían en la administración de los negocios, en confeccionar y promulgar un estatuto provisional que sirviera de base al gobierno, mientras llegaba el momento de adoptar una constitución permanente. Llamado después para atender asuntos en Trujillo, puerto de mar al norte de Lima, nombró para substituirlo en su ausencia, al marqués de Torre Tagle. Don Bernardo Monteagudo, hombre de gran talento, y de un patriotismo exaltado, si bien que impopular y enemigo encarnizado de los antiguos españoles, fue el que se encargó esencialmente del poder ejecutivo. Después de una corta ausencia regresó San Martín a Lima, y ya no quiso tomar ostensivamente las riendas del gobierno, vivió retirado en su quinta de Magdalena, a pequeña distancia de la capital.

Para fines de 1821, se publicó un decreto prescribiendo el destierro de los españoles solteros con la confiscación de la mitad de sus bienes; algunos meses después se aplicó la misma medida a los españoles casados. En esa ocasión más de 400 individuos, de los más distinguidos y ricos de Lima, fueron sacados de sus casas y obligados a caminar a pie hasta el Callao, cercados de guardias y seguidos de sus mujeres y sus hijos, a los cuales no les fue permitido ni aun dar el último adiós, antes de ser puestos en el barco que los transportó inmediatamente para Chile. Por el primer decreto no se debía confiscar a los españoles más de la mitad de sus bienes; por el segundo fueron despojados de todo. En junio de 1822 se consumó la ruina de todos los antiguos españoles.

Bajo la administración nominal de Torre-Tagle se ejecutaron esos actos de crueldad, sugeridos por el primer ministro Monteagudo. En estas persecuciones, estos reveses de la fortuna que los españoles establecidos en el Perú sufrieron tan cruelmente, se reconoce, sin embargo, una terrible represalia por el ultraje que su gobierno prodigó con no menos violencia en las colonias. En igual sentido era inevitable la reacción que sufrió España en lo que se refiere a su decadencia y ruina de sus finanzas. El inmenso patronato perteneciendo exclusivamente a la corte debilitó las libertades de la metrópoli; los tesoros ilegítimos que llevaban de América, no siendo el producto de la industria española, pasaban a otras manos sin dejar atrás de sí ningún vestigio de la verdadera riqueza nacional; el comercio limitado, que solo debía hacerse en beneficio de la Península, aniquiló su crédito, arruinó sus manufacturas, y acabó por hacerle perder el mercado de sus colonias. Después de algunos otros reglamentos y mejoras que realizó San Martín en el sistema de la administración pública, tuvo noticias de la derrota del ejército que había mandado a órdenes del general Tristán contra las fuerzas españolas. Después de este acontecimiento inesperado permaneció en una inacción que anunciaba su deseo de retirarse del teatro de la guerra y de la política.

En julio de 1820 dejó por segunda vez la capital del Perú y fue a Guayaquil, donde tuvo una entrevista con el general Bolívar. Durante su ausencia, el pueblo, exasperado por las violencias del ministro Monteagudo, lo depuso con estrépito de su puesto, llevándolo a una prisión y desterrándolo, enseguida, a Panamá. Otro hombre de mucho menos talento y menos exaltado fue nombrado ministro por elección del supremo delegado, y confirmado por el general San Martín a su regreso de Guayaquil, de donde llegó con un cuerpo de colombianos que Bolívar le había confiado.

El voto de los pueblos ya clamaba enérgicamente, a estas alturas, por la reunión de un Congreso, formado de representantes electos por las provincias libres. Este fue el error más funesto que retardó la emancipación del Perú y lo condujo a mil desastres que el tiempo no ha podido reparar.

En una época en que el país aún no estaba constituido, en que las nuevas instituciones aún vacilaban, en que la guerra se hallaba en todo su vigor y el enemigo estaba orgulloso de su anterior triunfo y con el brillante ejército que había formado en las vastas y ricas regiones del interior; era necesario que las determinaciones, las leyes, los decretos, las providencias gubernamentales y de guerra fuesen rápidas, decisivas y enérgicas, y podían tener únicamente ese carácter, al salir de la concepción de un solo hombre y al ser ejecutadas por la acción de ese mismo hombre. Una asamblea integrada por muchos individuos que difieren en pensamientos, en ideas, en cultura, en carácter, en inclinaciones, en talento, elevados por la primera vez a esta posición eminente, antes de estar acostumbrados a marchar de acuerdo, con voluntad igual, con uniformidad de opiniones, con conocimientos de las necesidades actuales del país, venía a ser infaliblemente un cuerpo que con mil pies podría apenas dar un paso; era un monstruo en política que, si bien no hacía retrogradar la libertad y la civilización, había de, por lo menos, detener la marcha de la sociedad y de sus instituciones. ¡Qué fatalidad en los destinos humanos, que todo un pueblo sea susceptible de equivocarse en lo que más conviene a sus intereses, y que la experiencia de un largo tiempo y el sufrimiento de grandes calamidades no le hayan enseñado el camino del acierto!

Varias veces había sido convocado el Congreso, y otras tantas se había ordenado la suspensión de su reunión, lo que dio motivo a que muchas personas creyesen que San Martín aspiraba a la permanencia del poder supremo del Perú. Finalmente, el 20 de septiembre de 1822 tuvo lugar esta deseada reunión. Inmediatamente después de su instalación le entregó San Martín la autoridad que había ejercido hasta entonces, porque así lo exigían imperiosas las circunstancias actuales en que se hallaba el país. El Congreso, como reconocimiento muy justo a los eminentes servicios que este hombre ilustre había prestado al país, y también porque consideraba que su presencia en el Perú era de la más absoluta necesidad para la causa de la independencia, lo eligió por unanimidad de votos Generalísimo de las Armas del Perú. San Martín, declarando que juzgaba el mando de las fuerzas nacionales como incompatible con la autoridad del Congreso, solamente aceptó el simple título, y aun así como un voto de aprobación de su comportamiento y de confianza por parte de los peruanos. El Congreso no quiso que San Martín recibiese de esa manera el ofrecimiento que le hacía con tanta sinceridad y confianza, le escribió suplicando que tomase el comando de las armas, recordándole las palabras que pronunciara en el momento de su reunión: «La voz de la autoridad soberana será siempre escuchada con respeto por San Martín, como ciudadano del Perú, y le obedecerá como el primer soldado de la libertad». Esta nueva tentativa no pudo hacer cambiar su decisión y haciéndola pública, se dirigió al Callao donde se embarcó inmediatamente a Chile, dejando a los peruanos, como ellos lo desearon, bajo la dirección del Congreso, que libremente habían elegido. Por más que se haya dicho que San Martín fue culpable por haber así abandonado la causa de la patria, en momento de crisis y de peligro, al contrario, se reconocen en esta conducta los rasgos característicos de la vida pública de Washington. El Perú no habría sido desgraciado si sus gobernantes hubieran estado dotados de este temple de alma, de esta grandeza de sentimientos, de este noble desinterés con que se abandona voluntariamente el poder y sus prestigios para volver a la vida privada y confundirse con el último de los ciudadanos.

El Congreso viéndose abandonado de esta manera procedió a nombrar una junta de gobierno, compuesta por tres individuos de diferente cultura, cualidades sociales y prestigios; la cual se ocupó de hacer un gran número de decretos de poca importancia, contradictorios a veces, y que en general no indicaban ningún fin de mayor alcance; bajo su administración y por falta de experiencia, tornaron los negocios a envolverse en un caos. Las leyes dadas por el Congreso no eran tampoco las más adecuadas a las circunstancias del país; el mayor número de diputados se componía de hombres sin gran cultura, y extraños a los asuntos de política y legislación.

En noviembre de 1823 se envió a Lima una escuadra a la costa del sur, y en enero siguiente, pocos días después del desembarque de las tropas, fueron éstas completamente derrotadas por el ejército español. Un descontento general fue la consecuencia de este desastre, al cual siguió la disolución violenta y anticonstitucional del Congreso, hecha por el presidente Riva-Agüero, que veía obstaculizada su administración por la autoridad de aquel cuerpo. Tal debía ser forzosamente el resultado de dos poderes que pugnan entre sí, sin llegar a ponerse de acuerdo. A estos sucesos siguió una época de desórdenes en la marcha general de la sociedad. La diversidad de opiniones, la inestabilidad de los gobiernos, la agitación del espíritu público, la falta de confianza entre los diferentes poderes del estado, la novedad de cada institución, todo en fin ayudaba a complicar más y más la causa nacional ya bastante oscura y delicada por sí misma.

Los españoles supieron aprovecharse de este estado de cosas y de la falta de jefes en el ejército nacional. En junio de 1823 el general Canterac entró nuevamente a Lima, después de derrotar a los patriotas en el Callao; durante quince días ejerció las mayores violencias y crueldades en esta ciudad; levantó grandes contribuciones, alistó en sus filas a hombres decentes y destruyó la Casa de la Moneda, enviando su maquinaria para el Cuzco.

Mientras estos desastres tenían lugar en el Perú, Bolívar ponía fin a la guerra en Colombia; no ocultándose a su penetración que, si los negocios de Lima no tomaban un aspecto feliz, no tardarían los españoles en restablecer allí su autoridad, y amenazar enseguida la independencia de su patria, emprendió su marcha al Perú al frente de sus mejores tropas. Ante su cercanía, volvieron los españoles a retirarse al interior. Con su entrada en la capital tomaron los negocios un aspecto enteramente diferente; el teatro fue mayor, la escena más majestuosa, las opiniones e ideas se elevaron a gran altura, como veremos en el siguiente capítulo.

Este largo período de lucha de todo un pueblo contra el poder colosal que lo tuviera sujeto a la esclavitud por más de 300 años, presenta un admirable cuadro de contrastes. Las calamidades por las que pasó el Perú durante este extenso período han sido tan grandes y continuas que difícilmente podrían ocultarse a la vista del mundo; pero, fueron ellas una consecuencia indispensable del tributo que todas las naciones pagan al destino para conseguir el bien inestimable de la libertad; no hay ningún estado libre que no la haya comprado al mismo precio; es esta una especie de prueba que sirve para sanar a los pueblos de sus males y a levantarlos de su antigua degradación.

Las guerras y las revoluciones, cualesquiera que sean sus resultados, causan necesariamente un gran mal momentáneo, y casi siempre son fecundas en crímenes y desastres. Así, en las crisis terribles que conmovieron el Perú en los tiempos de que hablamos, los sentimientos, los intereses, los derechos individuales, fueron suplantados y arrastrados por el torrente del espíritu de innovación, sacrificados en aras del interés general y tal vez, no pocas veces de la malevolencia de algunos, de su codicia y ambición. No obstante, a pesar de esta convicción, no es posible ver solamente el mal y cerrar los ojos a las mejoras a que en todos los sentidos fue llevado el Perú en medio de estas tempestades.

El verdadero espíritu y las virtudes de este pueblo, cuyo nombre era apenas conocido en Europa porque sus derechos habían sido enajenados, se manifestaron en esta época de convulsiones bajo un punto de vista muy distinto a aquel, que le habrían permitido presentar los tiempos de su tranquilidad. Por primera vez las diversas clases de la sociedad se encontraron en condiciones de participar de todos los goces y comodidades de la vida; y el sentimiento de esta dulce comunión creó los síntomas de un carácter nacional, que antes no había presentado. El amor a la independencia hacía tal vez en ese momento una impresión más viva; sin embargo, no era tan general que, como éste, se encontrase tanto en la casa opulenta del rico, como en la humilde cabaña del pobre.

En tiempo del gobierno español, en que el monopolio y las restricciones obstaculizaban las empresas agrícolas y comerciales, en que las ventajas y los sufragios del pueblo eran contados por nada, en que toda tentativa, todo esfuerzo era absolutamente inútil; los hombres estaban abandonados a la indolencia y a la inacción; nada de lo que se refiriese a la opinión pública tenía parte en sus pensamientos. En la época de la guerra de la independencia, tomaron los ciudadanos mayor interés en su propio bienestar, y la más viva solicitud por cuantos negocios estuvieren ligados a la prosperidad pública. El pueblo aprendía a conocer su fuerza y su importancia; ya no sufría, como antes, cuando todo lo concerniente a sus intereses era ejecutado con restricciones.

La opinión que los españoles habían propagado, de que los indígenas eran estúpidos e incapaces de cualquier empresa (cruel ironía lanzada a hombres, a los cuales se negara toda ocasión de mostrar aquello de que eran capaces), fue desmentida en esta oportunidad ante los ojos del mundo entero. La masa de la población, que en ninguna parte comprende las ideas abstractas de la felicidad, ni toma expansión para aumentar el círculo de sus goces, cuando estos se le presentan aislados, pero, que cuando están asociados a ventajas evidentes de un gozo positivo e inmediato, adquieren un grado de ilustración que ningún otro medio puede darles; manifestó en el Perú su capacidad fecunda, cuando la revolución, desencadenando el pensamiento, le proporcionó oportunidad de ejercer su inteligencia y de gozar el fruto de sus trabajos.

En anteriores tiempos el Perú se encontró sometido a un monopolio muy vejatorio; el derecho de importar las mercaderías y de exportar las producciones del país estaba, como hemos dicho, exclusivamente reservado a los negociantes de Cádiz, y este sistema fatal de comercio mantuvo el país paralizado y se reflejó funestamente sobre el destino del pueblo. Cuando la revolución, trayendo la libertad, mudó la forma de gobierno, se conoció toda la extensión de este mal y se destinó un pronto remedio para acabarlo. Se establecieron instituciones liberales; los extranjeros, protegidos por las leyes y alentados en sus especulaciones por todo cuanto no era contrario al interés público, llegaban de todas partes del mundo a las costas del Perú.

Se establecieron en la capital grandes casas de comercio inglesas, francesas y alemanas; todos podían entrar libremente a ella, cualquiera que fuese su patria y su religión; cada uno tuvo la entera libertad para sus acciones, nadie tenía necesidad de aprobación y permiso para tratar de sus negocios. La competencia libre bajó el precio de los artículos necesarios para el consumo del país, y elevó el de las producciones destinadas a la exportación. Los efectos saludables de esta libertad de comercio fueron sentidos en todas las clases; las inferiores podían comprar por menor precio aquello que en otro tiempo les habría costado un inmenso sacrificio, y, las acomodadas podían aumentar y mejorar el círculo de sus placeres y de su lujo.

La libertad civil y política nació en medio de las tormentas de la guerra de la independencia. Los peruanos fueron hechos ciudadanos, y ciudadanos libres que podían disponer a su buen arbitrio de su persona y de propiedad. Por primera vez tuvieron participación en el gobierno, pudieron aspirar a empleos más elevados, les fue permitido hacer ostentación de sus riquezas y expresar públicamente sus opiniones.

Las luces, finalmente, que entraron con la revolución, ejercieron una rápida influencia en las costumbres, en la literatura, en las ideas políticas y hasta en el seno de la familia. Los hombres encontráronse al alcance de materias que dos o tres años antes habrían asustado al más audaz en sus opiniones y sus pensamientos; sus maneras y sus pasatiempos anunciaban la conciencia de su libertad y de su independencia. El bello sexo se interesaba más por la instrucción; su vestir era más elegante, a la moda europea, muy distinto al grotesco de otros tiempos; finalmente, todos aquellos pequeños objetos, de que se compone la masa de la felicidad común, y que sirven para establecer el paralelo de un pueblo entre su situación anterior y la presente, recibieron una mejoría palpable y extensa.

Capítulo II. Juicio sobre San Martín

La opinión pública ha estado dividida en cuanto al juicio que se formó sobre los actos principales del proceder de San Martín. Unos han aprobado y aplaudido esos actos, otros los han censurado y condenado soberanamente. En lo que se refiere a nosotros, sin entrar en los pormenores de esta controversia, nos ocuparemos solamente de dos sucesos... verdaderamente notables, que marcaron el curso de las operaciones políticas y militares de este general en el Perú, o sea, su retirada de la causa de la independencia y la abolición de la esclavitud.

Fue acusado San Martín de haber abandonado de pronto el Congreso que él mismo convocara; pero esta acusación no es justa, si se consideran las circunstancias en medio de las cuales se hallaba colocado el general.

En primer lugar, nunca hizo él un misterio del vivo deseo que sentía de vivir retirado del teatro del mundo, y nunca perdió oportunidad para declarar en público y en privado la intención muy positiva de realizar este proyecto desde el momento en que estuviese firmada la independencia del Perú.

En segundo lugar, San Martín defendió y protegió el Perú, mientras estuvo el poder concentrado en sus manos. Cuando, después de un año entero de reflexiones, los peruanos juzgaron conveniente reclamar el privilegio de ser gobernados por leyes hechas por representantes de su elección, juzgó el general San Martín no tener derecho ni motivo para repeler un pedido que se le ofrecía, revestido de todos los caracteres de justicia, si bien las circunstancias en que se hallaba el Perú, le impusiesen el deber de lanzar aún un pretexto sobre esta prerrogativa de la nación; no se olvidó, sin embargo, al mismo tiempo, que pertenecía a otra nación; no se juzgó obligado a servir un país que, bastante lejos de solicitar su protección, quería por el contrario, gobernarse por sí mismo, fin difícil de conseguir mientras él ocupase el lugar adquirido. De otro lado, era absolutamente contrario a sus principios, así como a su proceder, emplear la fuerza para hacer prevalecer su opinión. Viendo en fin que había perdido toda su influencia, que todas las poblaciones de Buenos Aires y el CLUB lo acusaban altamente de querer ceñirse la corona resolvió abandonar, por el momento, una causa a la cual no podía ser útil.

El segundo artículo de la acusación hecha contra San Martín, está relacionado con la libertad que concedió a todos los esclavos que existían en el Perú. Nos apresuramos a reconocer en esta medida la pureza de las intenciones, y la elevación de los sentimientos filantrópicos de este filósofo; a pesar de haber visto los males incalculables que de estos fueron las tristes consecuencias. Sin duda pertenecía a la causa americana elevar a la dignidad de hombres esta parte de la humanidad, que, sin otro motivo que el color, o su nacimiento en los climas abrasadores de África, era condenada a la triste condición del bruto; sin duda pertenecía también al primer campeón de la libertad restituir a esta clase proscrita ese precioso don que la naturaleza otorga igualmente a todos los hombres, y que la avidez y el orgullo del mismo hombre habían tan injusta y tan cruelmente despreciado; pero no era de una manera sabia y prudente, la manera en que fue concedida esa libertad: era sí dar un golpe funesto a la prosperidad del país y otorgar un bien peligroso a esos esclavos que no estaban en condiciones de apreciarlo ni tenían la capacidad para gozarlo.

Verdad es que San Martín no declaró textualmente libres a todos los esclavos; designó a todos aquellos que habían nacido después del 15 de julio de 1822, día en que fue fijada la independencia peruana, pero declaró también que los esclavos que se alistasen voluntariamente en las filas del ejército de la patria, quedarían libres por el solo hecho de esta declaración, la cual resultó también una apelación por la libertad de todos los esclavos sin distinción, porque no hubo uno solo que no se aprovechase de esta ocasión para romper sus cadenas. Además, muy difícil sería explicar en este punto los principios políticos de San Martín, que había dicho que, a pesar de ser la libertad el más ardiente deseo de los pueblos de América, solo debía ser concedida con precaución y de tal forma que no se perdiesen los sacrificios; que, si todo pueblo civilizado era capaz de llegar a ser libre, debía esta libertad ser relativa, y en exacta proporción con el grado de civilización que gozaba; que la extrema libertad, con respecto a la civilización adquirida, conducía a una anarquía inevitable, y que, en caso contrario, el de una civilización excesiva en cuanto a la libertad otorgada, tornaba la opresión una consecuencia inevitable.

Fue contra esta declaración solemne de principios tan profundos y tan verdaderos que el general San Martín pronunció, aunque de un modo indirecto, la abolición de la esclavitud; y, si se le tiene que censurar algún error político, fue éste el que produjo tantas desgracias para el Perú. Parece que, en un momento de debilidad, cedió en parte a la urgencia del momento, y en parte también a las instancias de su primer ministro, Don José María Pando, que dos veces fue llamado al ministerio y del cual aún tendremos oportunidad de hablar, escribió una obra llena de juicios y observaciones profundas, en la cual combatió los principios sobre los cuales Monteagudo, su predecesor, tentó justificar el decreto de manumisión, y más tarde de la abolición absoluta de los esclavos. Tomando la propia historia de la esclavitud desde el tiempo de los hebreos hasta los tiempos de la Europa moderna, supo lanzar contra esta medida argumentos irrefutables, oponiéndole poderosos hechos.

Sea cual fuere la opinión que se haya podido formar acerca del proceder de San Martín, nunca se le podrá negar gran talento como militar, ni aquel arte que poseía en grado supremo para ganar corazones y crear partidarios. Si a estas cualidades se une la celebridad que le granjeara la conquista de Chile y el establecimiento de las instituciones de estos países, a pesar de la acusación hecha por sus enemigos contra su modestia en el Perú, que él abandonó, desde el momento en que no le era más lícito gobernarlo de un modo acorde a sus ideas; no se le podrá al menos negar la gloria de haber abierto a este país el camino de la emancipación.

Esta parte de los triunfos de San Martín sería sin duda más que suficiente para dar gloria a su nombre; sin embargo, si él expresó sinceramente su pensamiento cuando manifestó el deseo de retirarse del poder y del teatro de su gloria, según nos llevan a creer todas las probabilidades, ¿cómo negarle nuestra admiración, cómo no rendir un homenaje respetuoso a este espíritu público tan desinteresado, a este amor generoso por la libertad que, durante tan largos años, lo privaron de los encantos de la vida tranquila? ¡Es tan raro encontrar los atractivos y las seducciones del poder, ligados a los gustos y a los goces de la vida privada, que se hace difícil creer en una alianza tan extraña!

Si se aparta esta dificultad, si se considera el carácter de San Martín como presentado de buena fe, mucho más fácil será explicar su proceder; y mucho más cerca se estará de la verdad, si se supone que, en esa época en que se retiró del Perú, juzgó sinceramente haber hecho bastante para este país, juzgó no poder serle más útil en el sentido de sus ideas, y que, en las circunstancias que entonces sobrevinieron, no podía su presencia servir de ninguna ventaja. Finalmente, pensó sin duda que, retirándose por cierto tiempo, podría después servir más eficientemente a los intereses de la causa que defendía, y alcanzar en ese momento, luchando contra votos tan vivamente manifestados, tan solemnemente expresados por la población entera.

Algunas personas atribuyeron a debilidad de carácter este modo de obrar, esta contemporización con las circunstancias del país ¿habría sido más favorable a la causa de la independencia aquel que, actor principal en esta época, hubiese exhibido un carácter más firme y exaltado? Es este un asunto tan grave y complicado, que, para elevarnos a la dignidad del tema, menester sería ir en busca del auxilio de las luces de una política profunda.

Finalmente, también se le sacó en cara a San Martín haber imitado a Cromwell, tomando el nombre de Protector. Independientemente de la puerilidad de la crítica, ¿qué calificación más conveniente y más propia, podía entonces atribuirse un general que había ejercido el poder supremo en la nación peruana, y quien cargaba sobre su cabeza toda la responsabilidad de la guerra contra los españoles? Cromwell se calificó protector para usurpar el trono de Inglaterra; San Martín tomó el mismo título para sustraer al Perú de una soberanía usurpada. También el general Santa Cruz tomó más tarde el título de protector, para establecer la gran confederación Perú-Boliviana; el carácter sombrío e inflexible de Santa Cruz y de Cromwell, su ambición y sus atrevidos proyectos, contrastarán admirablemente con el carácter suave y accesible y con los principios moderados de San Martín.

Capítulo III. Estado del Perú en tiempo de Bolívar

Simón Bolívar, nació en Caracas, el 25 de julio de 1785; perdió a sus padres en la primavera de la vida, y a la edad de dieciséis años fue enviado a Europa a fin de concluir su educación. Viajó por Francia y por Italia; se casó en Madrid, y embarcó para Venezuela, donde falleció su esposa poco después de su llegada. Volvió nuevamente a Europa y estuvo presente en la coronación de Bonaparte. Fue sin duda aquí donde sintió esa sed de gloria que manifestó después con tanto ardor, donde, tal vez, su alma republicana, deslumbrada por el brillo del cetro imperial, pasó por su mente un deseo de poder que después volvió a su mente, cuando medio continente esperaba la ley de sus labios.

De España regresó a Caracas en compañía de Emperam, nombrado capitán general de Venezuela por la junta gobernadora de Sevilla.

Poco tiempo después de haber izado el estandarte de la independencia en aquel país, Bolívar fue enviado a Inglaterra, para solicitar su protección en favor de esta causa. El ministro de relaciones exteriores, marqués de Wellesley, le brindó cordial acogida, y habiéndole el gobierno inglés ofrecido su mediación entre España y sus colonias, la misma fue rechazada por la corte de Madrid.

Bolívar regresó a su país en compañía del general Miranda, a quien se confirió el comando de las tropas de Venezuela. Hallándose, sin embargo, el gobierno de los patriotas aún mal organizado como para poder impulsar la fuerza militar, se originaron algunas disensiones que demoraron la causa de la independencia hasta que con el terrible terremoto de 1812 y con la subsecuente invasión de los españoles, al mando del general Monteverde, se perdieron casi todas las esperanzas de realizarla.

Alegando Bolívar que Miranda había traicionado a su patria capitulando con Monteverde, lo capturó en la Guaira, y pidió después su salida del país, solicitud que le fue concedida inmediatamente con la declaración de ser la recompensa por el servicio que prestó al rey de España entregando a Miranda... Indignado con esta interpretación que se daba a su proceder, respondió con arrogancia «que él había entregado al general Miranda, no para prestar un servicio al rey de España, y si para castigar al traidor de su patria». Esta respuesta lo puso en peligro de ser comprendido en la proscripción general; pero los empeños de don Francisco Iturbe, secretario de Monteverde, lo libraron de tamaña desgracia y le consiguieron su salida. Bolívar viajó a Curacao y de allí pasó a Cartagena, donde obtuvo el comando de una pequeña fuerza con la cual empezó su carrera de gloria y emprendió la gran obra de libertad de su patria, que consiguió después de largos años de una lucha sangrienta, de esfuerzos extraordinarios, de acciones asombrosas y de inmensos sacrificios personales y económicos.

Cuando terminaba la guerra de Colombia, dirigida por Bolívar, se encontraba ya Guayaquil constituida en república independiente, y el Perú, alegaba derechos para incorporar este pequeño estado. El Libertador, que era el nombre que daban a aquel general, sin hacer mayor caso a las reclamaciones, enarboló su bandera victorioso en el país que comenzaba a ser motivo de discordia para las dos repúblicas que lo cercaban. Con la intención de regularizar este asunto, y sobre todo de combinar los medios para dar término a la guerra en el Perú, donde se habían concentrado los restos del poder español, derrotado en Chile, en las provincias argentinas y en Colombia, deseaba el general San Martín tener una entrevista con Bolívar. Con este propósito, se embarcó en el Callao el 8 de febrero de 1822; pero, habiendo tenido noticias de que asuntos de guerra mantenían a Bolívar aún apartado de Guayaquil, regresó al Callao, de donde volvió a salir en el mes de julio para el mismo punto y el 26 de este mes tuvo su entrevista con el libertador de Colombia. Las doce horas que San Martín pasó en dicha ciudad fueron casi todas empleadas en aquella conferencia reservada, cuyo asunto y cuyos pormenores aún son hoy en día un misterio para la historia.

Por lo que aparece en el Resumen de la historia de Venezuela en la discusión de los tres puntos siguientes, pretendía San Martín interesar al libertador en: 1.º la unión de Guayaquil al Perú; 2.º la substitución de los soldados muertos de la división peruana durante la campaña sobre Quito; 3.º los medios de concluir la guerra en el Perú. Era éste sobre todo el asunto capital. El general San Martín, que veía reducidas a la mitad de su número las divisiones de Chile y Buenos Aires, y que se acordaba del triste ensayo que se acababa de hacer con las tropas peruanas, preveía las dificultades que se oponían a la pronta derrota del poder español en el Perú, y reclamaba la ayuda de las fuerzas colombianas, que esperaba obtener tanto más fácilmente, puesto que el gobierno peruano se comprometía a pagar y armar esas tropas mientras luchasen por la independencia de su suelo.

No se discutió el primer punto, ni era presumible que Bolívar estuviese de acuerdo con las aspiraciones del Perú, en este sentido. Sobre el segundo, respondió Bolívar, que debía someterse al acuerdo de los gobiernos. Sobre el punto más importante, aseguró al general San Martín que Colombia simpatizaba con la lucha del Perú, y ofreció para ayudar a su triunfo dos mil hombres de su ejército, a las órdenes de uno de sus jefes, ya que el presidente de la república no podía abandonar los límites de su territorio.

El coronel Gabriel Lafond de Lurcy que no hace mucho anunció la publicación de una obra intitulada: Voyages dans l'Amerique espagnole, se juzga por los documentos y datos que posee, autorizado para correr el velo detrás del cual se ocultaba un hecho histórico del más alto interés, y que permite penetrar en los secretos del carácter político de los dos hombres más notables que combatieron por la emancipación de la América española.

Asegura el autor de esta obra que obtuvo de los labios del propio San Martín y del ayudante de órdenes de Bolívar, que le servía de secretario durante su permanencia en Guayaquil, los datos preciosos para aclarar dos hechos notables de la historia de la América del Sur, como son la entrevista de los dos libertadores de la América Meridional y las causas que obligaron al general San Martín a abandonar el Perú.

San Martín, dice el coronel Lafond, se alarmó mucho cuando supo a su llegada a Puno, que el asunto más grave e importante (alude a la incorporación de Guayaquil a Colombia) había sido cortado por Bolívar; sin embargo, otros intereses aún mayores lo hicieron continuar su viaje, y llegó a Guayaquil triste, descontento y hasta presintiendo que aquella entrevista, de la cual esperara resultados tan felices, sería el fin de su carrera política.

Estado de las cosas en la capital después de la partida de San Martín hasta la entrada de Bolívar

Después de la retirada del general San Martín, se formó en la capital del Perú una junta de gobierno, integrada por don José La Mar, don Felipe

Antonio Alvarado y por el conde de Vista-Florida, nombrados para este efecto por el congreso.

El ilustrado y elocuente Luna Pizarro era el presidente del Congreso, cuya primera medida fue conferir a San Martín, el título de fundador de la libertad del Perú y asignarle una pensión de 20.000 pesos anuales durante su vida, donde quiera que se encontrase; decreto digno de la generosidad y justicia que caracterizaron los primeros días de la independencia peruana, pero que, en los tiempos posteriores no fue cumplido, con mengua para la honra nacional.

El plan de campaña en esta ocasión (año 22) era que el ejército de la patria, que se hallaba al mando del general Arenales, amenazase a los realistas por los valles de Jauja, a fin de impedir que, de este lugar donde se encontraba Canterac se mandase refuerzos para el Sur, donde estaba el general Valdez y que, en caso de concretarse el envío de cualquier tipo de auxilio, avanzase Arenales para adelante y obrase decididamente sobre la ofensiva.

El no haber Arenales observado este plan por cobardía o falta de pericia, la extremada apatía e indecisión de la junta y las perniciosas consecuencias de sus medidas equivocadas, ocasionaron la caída del triunvirato, poco después que se supieron en Lima los desastres del general Alvarado.

El 26 de febrero de 1823, los jefes y oficiales del ejército de observación, que así se llamaba el grupo comandado por el general Arenales, capitaneados por el general Santa Cruz, que era el segundo jefe, hicieron un pedido enérgico al Congreso acusando a la junta de los desastres que había sufrido el ejército nacional por causa de su ignorancia y solicitando que fuese el coronel don José Riva-Agüero nombrado presidente provisional de la república. El congreso aceptó este pedido, que ciertamente se presentaba revestido de justicia, y cuyas medidas eran imperiosas exigidas por las circunstancias. El coronel Riva-Agüero subió al poder, y las cosas tomaron nuevos rumbos. El general Arenales abandonó repentinamente el campo y se embarcó para Chile. El general Santa Cruz fue nombrado para sustituirlo, el coronel Gamarra para Jefe del E.M.I. y el general Herrera (presidente del Estado Sur-Peruano en tiempo de la Confederación Perú-Boliviana), para ministro general de Riva-Agüero. «Es digno de notarse —dice un extranjero ilustrado que sirvió en el Perú—, que Santa Cruz, Gamarra, Herrera y Riva-

Agüero, que llegaron a ocupar ahora los destinos más elevados del estado, hayan sido comisionados del rey de España hasta mucho tiempo después que el general San Martín desembarcó en el Perú, y en un período en que tenía ya once años de comenzada la revolución. Aquí se comprueba la parábola de que "aquellos que vienen a las once horas reciben tanto como aquellos que soportaron la carga y el calor del día". Cuando este jefe expresó estos sentimientos aún no se había entreabierto la cortina que cubría las futuras escenas del Perú y de Bolivia; ¿qué habría dicho entonces, si hubiese visto después a Santa Cruz y a Gamarra disputándose con la punta de la espada el poder supremo de aquellas naciones, y subiendo y bajando alternativamente del solio republicano?»

Riva-Agüero no duró mucho tiempo en el poder. Sin genio ni talento para conservarse en él y menos para dirigir la marcha de los negocios públicos en la situación complicada y crítica en que se hallaba el Perú, cercado de una atmósfera nebulosa y con el enemigo en el interior concentrando en un punto sus fuerzas del Norte y del Sur; se vio obligado a dejar la suprema magistratura y la capital, refugiándose en la capital de Trujillo, donde, con una parte del ejército patriota y algunos diputados que convocó, sustentaba aún un simulacro de gobierno y de representación nacional.

En su lugar, nombró el Congreso Presidente Provisional de la República, al marqués de Torre-Tagle, que en tiempo de San Martín había ya ejercido el cargo de supremo delegado, como vimos anteriormente.

Era éste el estado de las cosas cuando el general Bolívar marchó de Pativilca a Lima, llamado con instancia por el Congreso. Inmediatamente después de su entrada a la capital, el 1.º de septiembre de 1823, fue investido de la suprema autoridad política y militar. El marqués de Torre-Tagle retenía el título; era sin embargo, tal su admiración y respeto por Bolívar, que con su propio consentimiento fueron sus facultades de presidente reducidas a mera sombra.

Una de las primeras medidas del héroe de Colombia fue conciliar las desavenencias de Riva-Agüero con Torre-Tagle, para cuyo efecto envió al primero un comisionado con oficios y comunicaciones particulares en que invitaba a un acuerdo, haciéndole ver elocuente y extensamente la necesidad de esta conciliación para llevar a cabo la independencia americana, pero habiendo éste rechazado entrar en los términos que le propuso, pensó Bolívar seriamente en abandonar el Perú a su propia suerte. Mientras tanto, sus mismas tropas, capitaneadas por el general La Fuente, apresaron a Riva-Agüero el 25 de noviembre; y este suceso hizo a Bolívar desistir de su determinación de abandonar el país. Continuó entonces sin obstáculos en el manejo de los negocios, hizo muchos y grandes reglamentos en la administración y en el ejército, asistió a la proclamación de la primera Constitución peruana, dada por el Congreso Constituyente, y dejó la capital en 1823 para iniciar su campaña en el interior.

Capítulo IV. Campaña del año 24

Paso de los Andes. Paso del desierto. Batalla de Junín. Batalla de Ayacucho
La grandeza de los acontecimientos y el esplendor de las virtudes patrióticas que se desarrollaron durante este segundo período de la guerra de la independencia, tienen todo el carácter solemne de antigüedad y exigen otra pluma y otras circunstancias para describirlas. Solo la imaginación de quien las contempló de cerca, de quien las vio desarrollarse con tan prodigiosa fecundidad podrá apreciarlas en toda su magnitud; los actores y los espectadores vieron desaparecer los lugares y las distancias, y se juzgaron contemporáneos de los Camilos, de los Pericles, de los Epaminondas de otros tiempos. Roma, Atenas, Esparta, en los días más puros del heroísmo y de la virtud, tal vez no presentaron escenas tan sublimes. La retirada de los diez mil capitaneados por Xenofonte, que éste embelleció con las ventajas de su lengua y de su genio histórico, no se iguala a las marchas y contramarchas que realizó el ejército libertador por los desiertos de la costa del Perú. Las batallas de Marathonia y de Platea, que fueron doblemente célebres por su propia grandeza y por los sublimes apóstrofes con que las eternizó Demósthenes, no son comparables con las batallas de Junín y de Ayacucho, ya también inmortalizadas por el cantor de Bolívar.

El paso de las Termópilas y el sacrificio de los trescientos espartanos, al mando de Leónidas, no están en igual paralelo con el paso de los Andes y con la conflagración del castillo de Niarumi. No es ahora que se pueden apreciar debidamente los grandes rasgos de las virtudes republicanas, cuyos testigos y cuyos espectadores aún existen. Cuando todo lo que es débil, todo lo que es pequeño en nuestros días, las pasiones, los intereses, la envidia, hayan desaparecido, y cuando solo resten los grandes hechos y los grandes hombres, entonces se presentará también con los grandes colores de la historia y de la verdad el cuadro de las campañas de este período de la guerra de la independencia.

Mientras tanto, a fin de ser consecuentes con nuestro propósito, haremos una leve mención de los cuatro acontecimientos principales y admirables que distinguen la campaña del año 24, campaña que decidió para siempre la suerte de la América Meridional, pues hacer un bosquejo de todos los pormenores y todas las circunstancias particulares de esta campaña, todos también grandes y muy interesantes, sería un trabajo que llenaría volúmenes.

I. El paso de los Andes

El paso de los Andes, realizado por el ejército unido libertador para ir en busca del enemigo en el interior del Perú, para donde se retirara concentrando allí todas sus fuerzas, basta por sí solo para inmortalizar el nombre de los jefes que lo dirigieron y para dar una idea de la constancia y fortaleza de los soldados que lo cumplieron. El paso celebrado de los Alpes, emprendido en los días heroicos y dirigido por un héroe cuya fama va siendo transmitida con entusiasmo a través de los siglos, no es tal vez comparable con este famoso paso de los Andes.

El trabajo de abrir caminos, o mejor dicho, sendas transitables por encima de las montañas tan elevadas y escarpadísimas y por entre tan tremendos precipicios, solo puede ser apreciado por aquellos que han atravesado las faldas más que majestuosas de los Andes. La dificultad de levantar cuarteles ambulantes o tiendas de campaña portátiles, si se puede decir, en los intervalos de un país inmenso y despoblado, la casi imposibilidad de encontrar y transportar los materiales para su construcción, además de la madera necesaria para la leña, y la formación de almacenes de cebada y otros accesorios de la caballería, exigieron el talento de un Bonaparte.

Las divisiones cruzaban la cordillera generalmente en la distancia resultante de un día de jornada entre una y otra. La caballería y aun los batallones se separaban con frecuencia de la línea general de marcha; y, como las sendas abiertas sobre las escarpadas faldas de los Andes eran tan estrechas que apenas podían los soldados pasar uno por uno, y aun eso, a veces, con riesgo de precipitarse, había una sola hilera que se alargaba a una distancia asombrosa en los pasos peligrosos formados por la interrupción frecuente de la senda causada por las puntas prominentes de las rocas y por las innumerables y terribles cascadas. Estos obstáculos eran particularmente más difíciles de vencer por la caballería, ya que cada soldado tenía que conducir, además de su bestia, un caballo de tiro, destinado solamente para ser montado frente al enemigo.

La sucesión continuada de estos obstáculos hacía muchas veces imposible que la caballería, que iba a la retaguardia, pudiese concluir la jornada del día antes de llegar la noche, en cuyo caso se tornaba indispensable que los soldados prosiguiesen su marcha a pie, llevando dos bestias a su cargo, a fin de evitar que se desviasen o se despeñasen por los precipicios. A pesar de estas precauciones y del auxilio de los cornetas que se colocaban en distancias regulares, expresamente para impedir la separación de los grupos, no siempre se podía conseguir este objetivo. Se escuchaba frecuentemente una partida gritando, allá de un pantano, al parecer insondable, a otra que iba pasando por una cima elevada, a fin de certificar el camino; ésta respondía con las cornetas; no obstante, sucedía muchas veces que ambos habían perdido la senda. El sonido continuado de las cornetas a lo largo de las líneas cortadas, la vocería de los oficiales que animaban a sus soldados desde considerable distancia, el relincho de los caballos, el bullicio bronco de las mulas, la ansiedad de los hombres y de los animales por llegar al lugar de descanso, manifestada por una respiración cansada y jadeante, producían un estruendo espantoso que, repetido por los ecos en la oscuridad de la noche, desde las horribles soledades de los Andes, habría sido material precioso para un pintor histórico decidido a presentar el cuadro verdadero de lo sublime.

En caso de errar el camino, eran imponderables los conflictos de la caballería, porque, siendo tan estrecha la senda, le era imposible hacer que los caballos dieran la vuelta; y, en tal circunstancia, forzoso le era continuar con la marcha hasta encontrar un lugar aparente para esperar el paso del último soldado y poder dar marcha atrás. Pero sucedía también, a veces que, después de esta operación penosa, se encontraban con otro escuadrón avanzando por la misma senda. En tal situación, era inevitable que los hombres y las bestias se precipitasen y fuesen rodando hasta los abismos que esperaban abiertos a sus pies.

A estas dificultades se añadía que el ejército libertador tenía que luchar contra todos los elementos conspirados conjuntamente para hacerlos sufrir, así como para cobrarles el más subido precio por la libertad por la que combatían. Días enteros tenían que caminar, sufriendo tremendos aguaceros, sin otro abrigo que una leve manta, y penetrándoles el frío y el agua hasta los huesos. Algunas veces la nieve cubría todo el paisaje por donde debían necesariamente atravesar, y entonces tenían que avanzar con esfuerzo y penuria imponderables, con la nieve hasta las rodillas, en cuyo caso eran inevitables las víctimas que perecían de frío o que quedaban enterradas y petrificadas en el campo. Otras veces el hielo y la helada blanqueaban las quebradas o los valles por lo que era forzoso bajar, y entonces era tan agudo e intenso el frío, que quedaban los soldados sin movimiento, con los pies y manos congelados, sin que en esas ocasiones tuviesen una gota de aguardiente o de cualquier otra bebida que los reanimase, como generalmente tienen las tropas de Europa con bastante abundancia en sus campañas de invierno. De este exceso de frío de noche o de mañana, pasaban al calor causado por los rayos de un Sol abrasador del mediodía. Coronaban estos martirios el hambre y la sed que estos héroes tenían que sufrir infinidad de veces, desprovistos como iban de la mayor parte de los recursos necesarios para las campañas de esta naturaleza.

Sería cansar a los lectores el referir otros obstáculos que tuvieron que superarse en el famoso paso de los Andes, pues aun lo que se acaba de referir es únicamente para que no se atribuya una especie de orientalismo y admiración, a lo que se ha hablado en este bosquejo sobre las campañas de la independencia.

II. El paso del desierto

En el capítulo II de la primera parte de esta obra, hicimos una descripción sucinta del espantoso desierto de Atacama. Esta descripción habría bastado para dar una idea de la grandeza e importancia de las marchas que hizo el ejército de la patria por esas solitarias y abrasadoras regiones de arena;

con todo, como una descripción que no va acompañada de la relación de algunos hechos nunca podrá trazar en el pensamiento todos los horrores por los que tuvieron que pasar aquellos mil héroes redentores de la América Meridional, solo referiremos una de las catástrofes sucedidas en esos países de desolación.

Cuando, en 1823, los restos de las tropas del general Alvarado fueron embarcadas de Lima para los puertos intermedios, un transporte de guerra que conducía cerca de trescientos hombres de caballería, encalló desgraciadamente, despedazándose contra las rocas de la costa, a doce leguas al sur de Pisco y catorce al este de Ica. Felizmente se salvó toda la gente en la playa, sin embargo, al querer encontrar el camino para el primero de aquellos puertos, perdiéronse por espacio de 36 horas, en las cuales se vieron entregados a la última desesperación. Llegando noticias de esta desgracia al conocimiento del gobierno de Pisco, mandó éste un regimiento de caballería con provisión de agua para auxiliar a los náufragos. El comandante de estos, que fue uno de los que sobrevivieron a la catástrofe, hizo el relato de los sufrimientos que experimentaron en esta tremenda calamidad.

Tenía este jefe un ordenanza que combatiera a su lado en las acciones de Maipú, de Nazca, de Chacabuco, Pasco, Riobamba y Pichincha, y que en una ocasión le salvó la vida a costa de la suya propia; pero que en esta oportunidad se mostró tan insensible a los padecimientos de su amo, como a los de sus compañeros y camaradas.

Vencidos por la fatiga y devorados por la sed, dejábanse los desgraciados náufragos caer sin aliento sobre el abrasador suelo, cavando la arena con indefinible ansia, para descubrir una gota de agua, pero, viendo que no encontraban sino arena y fuego que les quemaba las manos, dejándolas en miserable estado, hacían nuevo y sobrehumano esfuerzo para proseguir su marcha incierta. Después de algunas horas de este andar lento e interrumpido, divisaron a lo lejos algunas palmeras, en cuyos contornos generalmente se encuentra agua. Un débil grito, salido instantáneamente de aquellos labios resecos, hizo sentir a los que iban atrás la impresión de un goce repentino; pero este grito no era el efecto de un sentimiento de humanidad, ni el deseo de consolar a los demás; era solo la expresión involuntaria de la sensación del placer. Ante la vista de este aspecto de consolación, todos se reanimaron para acelerar sus pasos, mas, en este esfuerzo cayeron la mayor parte al suelo desfallecidos antes de llegar al lugar deseado. Aquellos que aún tuvieron fuerzas para caminar hasta las palmeras, se pusieron luego a excavar la arena, encontrando solamente un poco de agua turbia y enlodada, que tampoco les sirvió de mucho, porque la precipitación y el ansia con que todos se arrojaban a un tiempo sobre el lugar, hicieron casi imposible que pudiese alguno de ellos saciar su sed. Nadie tenía valor para dar un paso más allá de las palmeras; todos permanecían pasmados, como por encanto, en torno de ellos, y finalmente se extendían sobre el suelo con muda desesperación.

Cuando por fin se presentaron a su vista los Húsares de Junín, las emociones fueron más sentidas que expresadas. Ninguno pensaba en sus compañeros de infortunio; cada cual se ocupaba de sí mismo, como si se hallase solo batallando en el desierto. Aun aquellos recuerdos de familia y de los amigos, que en tierra extraña son las últimas cosas que se abandonan a la hora de la muerte, parecían haberse extinguido enteramente de la memoria de todos ellos. Los primeros sentimientos de gozo súbito fueron ahogados por la presencia de la angustia anterior; ninguno de los que quedaron atrás podía atinar a ponerse en dirección al lugar de las palmeras, sin que viniesen los Húsares a encaminarlos; hallábanse tan extenuados, que ninguno tenía aliento para hacer una seña a los otros, vagando apenas cada uno solo y arrastrándose con indecible esfuerzo por el arenal, olvidado de cuanto lo rodeaba en esa hora. Solo podían dirigir algunas miradas amortecidas hacia el grupo de los Húsares, cuya armadura relucía a la distancia con brillo fúnebre, causado por la luz amarillenta de los rayos reflejados en la arena. Todos los corazones estaban enteramente poseídos de una esperanza deliciosa; pero todo esto era porque nadie articulaba una sola palabra.

Llegaron finalmente los Húsares, y fueron poniendo apresuradamente sobre los labios abrasados de los infelices, a medida que los iban encontrando extendidos sobre el suelo, sin movimiento, sin aliento para pedir la gota deliciosa, sin poder manifestar su agradecimiento sino por la lejana expresión de placer que débilmente se les dibujaba en los semblantes. Muchos perecieron antes de poder ser aliviados; cerca de doscientos cadáveres, amontonados sobre la arena sin sepultura, señalaron por siglos la terrible senda por donde el ejército de la patria se vio forzado a emprender sus marchas en este vasto y horroroso desierto, para conquistar una libertad encadenada durante más de tres siglos.

Los jefes extranjeros que se hallaban en estos lugares, haciendo justicia a la verdad, dudaron si las fatigas de las marchas más dificultosas de los ejércitos de Europa podrían ser comparadas con las que sufrieron las tropas de la patria en la campaña del año 24. Hechos como estos pertenecen a los siglos heroicos, y, si no fuesen tan recientes, serían tal vez considerados como fabulosos. No obstante, son de esta naturaleza los que caracterizaron el paso del desierto, emprendido por el ejército libertador.

Podríamos relatar otros hechos y otras circunstancias de este tipo; pero sería eso cansar a nuestros lectores.

III. Batalla de Junín

Las batallas de Junín y de Ayacucho fueron ya descritas por la pluma de muchos escritores ilustres, entre los cuales se encuentran algunos jefes que presenciaron estas memorables acciones; ninguna descripción, sin embargo, se iguala a la que se encuentra en los detalles hechos por el elocuente general Sucre, que se hallan insertados en los Registros Oficiales del Perú, los cuales recomendamos a nuestros lectores. Nosotros recordando lo que quedó en nuestra débil memoria, hacemos aquí una breve pintura de estas célebres batallas, últimas y principales que concluyeron con la guerra más sangrienta y decidieron para siempre los altos destinos de América.

Cuatro días antes de la batalla de Junín, después de haberse consumado el asombroso paso de los Andes, pasó el general Bolívar revista a su ejército, sobre las elevadas faldas del Rancas. El aspecto de las tropas era verdaderamente majestuoso y solemne; las enérgicas proclamas del libertador, que fueron leídas al mismo tiempo a cada uno de los batallones, produjeron un entusiasmo inexpresable; nada podía exceder el impulso que recibieron los ánimos en este instante. Todo contribuía a dar un interés romántico a la escena. Cerca del mismo lugar, habían sido los españoles derrotados por el general Arenales. La falda donde se pasó la revista se halla a una elevación de más de doce mil pies sobre el nivel del mar; la vista que de este sitio se descubre es tal vez la más magnífica que haya en el mundo. Para el occidente se levantaban majestuosamente los Andes, cuyo paso acababa de ser vencido con tantas fatigas. Al oriente, dilatábanse para el Brasil las enormes ramificaciones de la cordillera. El norte y el sur terminaban en las serranías cuyas cimas se escondían en las nubes. Sobre este lugar, circundado de tan sublimes escenas y situado a las márgenes del magnífico lago de los Reyes, naciente de uno de los mayores tributarios del monarca de los ríos, el vasto Amazonas, se hallaban ahora hombres de diferentes puntos de la América, de Caracas, de Panamá, de Quito, de Chile, de Buenos Aires, hombres que habían combatido en Maipú y en San Lorenzo, en las playas de Panamá, en Carabobo y Pichincha al pie del Chimborazo. Entre estos celosos americanos se hallaban también algunos extranjeros fieles a la causa en cuya defensa habían sucumbido tantos compatriotas suyos, y entre estos pocos habían igualmente hombres que habían peleado en las márgenes del Guadiana y del Rhin, militares que habían presenciado el incendio de Moscú y las capitulaciones de París. Tales eran los que se hallaban reunidos en este lugar de gloria. Americanos o europeos, todos se sentían animados de un mismo deseo, el de asegurar para siempre la independencia del Nuevo Mundo. Los repetidos vivas de las tropas, sus prolongados bravos, inflamaban los pechos y llenaban los corazones de profética esperanza.

Cuatro días habían transcurrido de esta escena, cuando el ejército unido avistó repentinamente de lo alto de una montaña al enemigo que, a una distancia de más o menos dos leguas, iba marchando por las planicies de Junín, con dirección al oeste de Reyes. ¿Quién podría dar una idea adecuada del efecto que produjo esta vista repentina del enemigo? Un grito involuntario, soltado a un tiempo por todos los soldados, retumbó en todo el campo. Aquellas fisonomías, tostadas por el Sol y por la nieve y desfiguradas por las fatigas de la campaña, se animaron repentinamente con un aire salvaje y con una terrible expresión de ironía; los ojos llenos de fuego seguían en silencio solemne las columnas enemigas que se movían majestuosamente a sus pies; el sentimiento general era, en ese instante, de que pudiesen ellas en su marcha retardar la hora del combate.

El ejército de la patria constaba de 9.000 veteranos disponibles, y los españoles contaban 10.000 guerreros atletas, incluyendo la artillería. Apenas se colocaron a una distancia de legua y media, cuando desprendiéndose repentinamente las columnas de caballería de ambos lados, marcharon al galope hacia el medio de la planicie...

«...y al punto cual fugaces carros
que dada la señal parten, y en densos
de arena y polvo torbellino ruedan;
arden los ojos, se estremece el suelo,
estrépito confuso asorda el cielo,
y en medio del afán cada uno teme
que los demás adelantarse puedan...»
(Olmedo)

En el primer encuentro, fue rechazada la caballería de la patria, y parecía estar en duda el triunfo y el destino de América. ¿Quién podría pintar la fisonomía fiera de Bolívar y de los demás jefes en este instante supremo?

«Si el fanatismo con sus furias todas
hijas del negro Averno me inflamara,
y mi musa y mi pecho enardeciera
en tartáreo furor, del león de España
al ver dudoso el triunfo me atreviera
a pintar el rencor y horrible saña.»
(Olmedo)

Sin embargo, cuando más ensoberbecidos perseguían los españoles a los escuadrones desordenados de los patriotas, fue entonces que un regimiento peruano, que había sido colocado por el genio de la guerra a un lado del campo de combate, al borde de un pantano, cargó sobre ellos con tal ímpetu y valentía, que en un momento los desbarató, dando entonces oportunidad para que los de la retaguardia, reanimados de nuevo vigor, los acometiesen también, y consiguieran así las armas de la libertad un triunfo completo.

«Ruje atroz y cobrando nueva fuerza

> de su ira y despecho se abalanza,
> abriendo una ancha calle entre las haces
> por entre el fuego y las opuestas lanzas.
> Rayos respira mortandad y estrago
> y sin pararse a devorar su presa
> prosigue en su furor, y en cada huella
> deja de negra sangre un hondo lago.»
> (Olmedo)

Esta sublime escena tuvo lugar en medio de un silencio sepulcral, y durante ella permanecieron inmóviles los cuerpos de infantería de ambos lados; no se dio ni un solo tiro de fusil; solo se veían volar en los aires las cabezas cortadas de húsares, granaderos y dragones, y reflejar las lanzas y las espadas a la luz del Sol que ya comenzaba a descender por el horizonte en un cielo azulado. Tres cuartos de hora bastaron para alcanzar esta victoria; sin embargo, aún no era esa la hora del destino.

> «Una hora más de luz... Pero esta hora
> no fue la del destino.— El Dios oía
> el voto de su pueblo; y de su frente
> el cerco de diamantes desceñía
> el horizonte fugazmente dora
> en mayor disco menos luz ofrece
> y veloz tras los Andes se oscurece.»
> (Olmedo)

Después de este grandioso suceso, ocurre una circunstancia que juzgamos oportuno referir, en vista de que hace parte del conjunto de incidentes románticos y misteriosos que marcaron aquel día memorable. Recorriendo Bolívar solo el campo de batalla a la luz de la Luna de media noche, se dio con el cadáver de un capitán español de Granaderos del Infante (lo que se leía sobre el metal esculpido en su morrión) en quien la muerte no había apagado las bizarras facciones, y a cuyo lado aullaba triste e incesantemente un hermoso perro de pelo castaño y encrespado. Conmovido el general ante la vista de esta escena rara de aquella expresión melancólica del dolor de la naturaleza irracional, bajó de su caballo y trató de llevar consigo este amigo más fiel que los hombres; no obstante, viendo que eran vanos todos sus esfuerzos, porque el noble animal permanecía al lado del cadáver de su señor, llorando y lamiéndole a veces las manos y la frente, se retiró para su tienda de campaña sin que su alma de acero hubiera podido resistir por más tiempo aquella aflicción dolorosa. Al día siguiente, pasando por el mismo sitio una partida de Húsares de Junín, recogió al perro, poniéndole el nombre de perro del regimiento.

¡Qué gran verdad es que entre los grandes hombres se encontrarán siempre relaciones y semejanzas hasta en las circunstancias particulares y más pequeñas de su carrera! Cuando Napoleón Bonaparte andaba meditando por el campo de Marengo, en la noche del día en que fue realizada la célebre batalla de este nombre, encontró igualmente un perro llorando la muerte de un general francés a quien pertenecía, y cuyo cuerpo, mezclado con otros mil cadáveres que quedaron en el campo, ofrecía a la claridad de la Luna un espectáculo bárbaramente grave y lúgubre. «Mientras que este hombre se halla ahora olvidado por todos sus amigos, su perro, más fiel que todos ellos, llora aún sobre sus restos», dijo el general, derramando algunas lágrimas de sus ojos de águila.

IV. Batalla de Ayacucho

La noche del 10 de diciembre de 1824, fue la más interesante para la causa de la independencia. Nunca tan grandes y tan proféticas habían sido las esperanzas del ejército unido libertador. Al día siguiente era inevitable una batalla, y ésta debía decidir los futuros destinos de la América del Sur. Bien sabían los patriotas que tenían que combatir contra fuerzas mayores en número, que nada los podía salvar, ni a ellos ni a su patria de una ignominiosa servidumbre. Los soldados podían al menos esperar que escaparían con vida, quedando reducidos a la mísera condición de esclavos, pero los jefes y oficiales solo tenían que escoger entre la muerte y la victoria, pues sabían cuál sería su destino en caso de ser vencidos.

La mañana del día 9 rayó con una belleza singular. La intensidad del frío parecía al principio desalentar los ánimos, pero, tan pronto el Sol se irguió majestuosamente sobre los montes, se manifestaron luego sus efectos en el entusiasmo de las tropas.

Ambos ejércitos parecían poseídos de igual confianza. La fisonomía fiera y aire soberbio de los españoles revelaba su orgullo y su desprecio, y los semblantes pálidos de los patriotas, en los cuales el sufrimiento y el amor a la patria habían imprimido un aire solemne, manifestaban el valor y la constancia del heroísmo.

Diecisiete mil veteranos robustos, alimentados con abundancia, bien descansados, vestidos con lujo oriental, con sus caballos de raza arábica, y trayendo por delante al virrey del Perú y a los grandes generales de los ejércitos del Norte y del Sur, Canterac y Valdez, venían bajando por las faldas de los montes de Ayacucho, haciendo reverberar sus armas y sus bordados de oro y plata a los rayos del Sol; y los cuatro mil soldados de la libertad, con los ojos hundidos, las caras huesudas, con la epidermis tostada y el cuerpo cubierto de heridas y de andrajos avanzaban a doble paso con los corazones palpitantes y con el pecho inflamado de entusiasmo, sin el apoyo de su Bolívar, su héroe y su Dios.

Pero esta enorme desigualdad en número, en fuerza, en lozanía, no hacía vacilar ni un solo instante, ni la esperanza ni el decidido denuedo de los segundos. El genio de la libertad y del destino parecía presidir este pequeño grupo de soldados.

«Peruanos,
mirad allí los duros opresores
de vuestra patria. Bravos colombianos,
en cien crudas batallas vencedores...

Suya es la fuerza, y el valor es vuestro,
Y vuestros los agüeros...
Combatir con valor y por la patria
es el mejor presagio de victoria.
Acometed, que siempre
de quien se atreve más el triunfo ha sido;
quien no espera vencer ya está vencido.»

(Olmedo)

Cuando los dos ejércitos se aproximaron, la respiración parecía pesada por el sentimiento de ansiedad mezclado con el de esperanza. En este momento, el general Sucre, montado en su «águila blanca» (así se llamaba su caballo de batalla) recorrió sus filas con una actitud grave, dirigiendo a cada uno de los batallones palabras enfáticas con que les recordó sus antiguas hazañas. Colocándose después al frente de su ejército, les dijo en tono de inspiración: «¡Soldados, de los esfuerzos de este día dependen los altos destinos de la América!» Y, apuntando luego para las huestes enemigas que venían descendiendo por la planicie, agregó: «Otra gloria mayor que las que hasta ahora habéis adquirido os está reservada para coronar en este día vuestra constancia!» Estas últimas palabras, expresadas con el fuego de la elocuencia, produjeron un entusiasmo eléctrico que imposible sería describir.

Habían las columnas acabado de bajar, y ya estaban formadas en la arena, cuando, a la voz del general Sucre que ordenó la carga, el valiente y bizarro Córdova, saliendo unas quince varas al frente de su división, formada en cuatro columnas paralelas, y con la caballería en los intervalos, exclamó con la sangre ardiente de sus veintidós años: «¡Adelante, a paso de vencedores!» Y estas tres palabras mágicas, acompañadas del prestigio de la gallarda presencia del joven héroe, hicieron avanzar la división en orden con un ímpetu irresistible.

En los primeros momentos, el igual esfuerzo con que luchaban ambos ejércitos hacía incierto el éxito de la batalla. Pero llegó el gran día señalado en el libro de los destinos: vencieron los patriotas, y la América fue libertada para siempre de la dominación española.

«Se turban las legiones altaneras,
huye el español despavorido
o pide paz rendido.
Venció Bolívar, el Perú fue libre.
Y en marcial triunfo, libertad sagrada
en el templo del Sol fue colocada.»

(Olmedo)

Esta batalla fue una de las más célebres que ofreció al mundo la historia de la libertad. Los mismos jefes extranjeros que en ella tomaron parte aseguraron que ambos ejércitos se hallaban en un estado de disciplina que habría honrado a los mejores de Europa; en ella participaron los más hábiles generales de ambos partidos; el valor reemplazó al número en el ejército de la patria y finalmente fue esta victoria el resultado del más decidido coraje y de la carga más impetuosa e irresistible, concebida y ejecutada al mismo tiempo y animada por una inspiración superior.

La batalla habría sido más sangrienta si los españoles no hubiesen solicitado capitular, y si los patriotas no hubiesen consentido en eso, como consintieron, con una nobleza que revela el carácter americano que les honrará y que excitará la admiración en las edades más remotas.

Después de concluida la batalla, era un espectáculo enorme y solemne ver a los soberbios Granaderos de Cantabria, en grandes grupos, hechos prisioneros por un puñado de Cazadores de Pichincha y a los presumidos Soldados de la Reina recibiendo rendidos la generosa mano de los ¡Lanceros de Junín! ¡Era un espectáculo interesante a la contemplación del filósofo aquel cuadro en que se presentaba la caída total de ese poder inmenso que había dominado una mitad del Nuevo Mundo por más de tres siglos y que había uncido a su carruaje de victoria veinte pueblos diferentes! Para el poeta era también un argumento religioso la idea de que en el mismo lugar, Ayacucho (montón de cadáveres, en la lengua quechua), donde en tiempo de los incas se realizara una batalla sangrienta en que quedó formado un montón de cadáveres, se acababa de realizar ahora otra igual que devolvía la independencia a los descendientes de aquellos.

Fueron muchas las circunstancias que realzaron o dieron un carácter particular a este día memorable; pero, en conclusión, solo referiremos una.

El virrey La Serna había sido conducido, después de la batalla, al mejor aposento que se podía encontrar entre los miserables ranchos de Quinua. Allí estaba sentado sobre un banco de tosca madera con las espaldas recostadas en una pared inmunda que ya se estaba desmoronando de vieja, cuando entró para verlo el vencedor de la batalla. Las nobles facciones de este ilustre desgraciado, sombreadas por sus blancos y largos cabellos que le caían desgreñados y llenos de polvo, y que estaban salpicados con la sangre de la herida que recibiera en el combate, se distinguían a través de la débil luz que ofrecía una inmunda lámpara sujeta a una pared. La estatura elevada y el aspecto grave que en todo momento habían distinguido al virrey, eran ahora más venerables en la desgracia. Aquella actitud, aquella situación, el conjunto de la escena, eran precisamente lo que un pintor maestro habría escogido para representar la dignidad de la grandeza en la caída. ¡Con cuanto interés no se habría un hombre aproximado a aquél que pocas horas antes ejercía el poder de un rey!

Época tercera

Capítulo I. Prestigios e influencias de Bolívar

Bolívar se presentó en el Perú después de la batalla de Ayacucho, coronado de todas las glorias que a un hombre pueden ofrecer su constancia, valor, triunfos y grandeza de alma. Entró a la capital cautivando la opinión y atrayendo sobre sí la admiración y respeto universal. No era un hombre, era una divinidad a cuya voz se movían los pueblos y los ejércitos: cinco millones de hombres lo glorificaban; tres repúblicas esperaban de él la marcha de sus destinos: Colombia, Bolivia y Perú se disputaban la honra de su presencia. Dotado de una mente vasta que en un instante abarcaba los hechos y sus relaciones, y se transportaba con su vista a todos los puntos del ámbito en que obraba, era un genio que brillaba en un vasto horizonte, cambiando los destinos de los pueblos e invirtiendo el semblante de las sociedades.

Rodeado de tantos prestigios del poder y de admiración, venció solo con su nombre los restos aún poderosos del ejército español que se hallaban concentrados en el Alto Perú, bajo el comando del general Olañeta. Su general predilecto, Sucre, a quien dio esta misión, como le diera la de Ayacucho, marchó contra el enemigo, lo vio y lo venció. Veni, vidi, vici.

Después de este último suceso de la guerra de la independencia, inició Bolívar su marcha por las provincias interiores del Perú y de Bolivia, desde la capital de Lima hasta la ciudad de Potosí; esta marcha fue un continuo paseo triunfal que recordaba los que dieron César y Pompeyo después de sus más célebres batallas. A su aproximación a las capitales de los departamentos, al frente de las demás autoridades civiles, militares y políticas, los empleados y las corporaciones, acompañadas por un grupo principal de la población, iban a su encuentro hasta gran distancia, donde lo recibían con una pompa y una magnificencia, cuya descripción en conjunto y pormenores ocuparía un volumen aparte. Nunca ningún hombre de los tiempos modernos, exceptuando Napoleón, se vio circundado de tanto esplendor ni se hizo tan señor de todos los sentimientos. Los pueblos, reuniéndose y llenando todo el espacio de los lugares por donde él transitaba, como un mar que se arroja sobre la playa agitado por los vientos, salían en masa a verlo con exaltado entusiasmo y admiración fanática. En todas partes se le levantaban arcos triunfales en que se ostentaba todo el arte y toda la grandeza de los días anteriores de la opulencia peruana. Le hicieron regalos primorosos y de gran valor, los que generalmente él obsequiaba, a su vez, a alguna joven, algún jefe o algún patriota benemérito. Los caballos enjaezados con una fantasía oriental, con cascos, brida, estribos y espuelas de oro macizo, testera, manta y pistolera, bordados y esmaltados con piedras preciosas, que le presentaban para su entrada en cada capital de departamento, habrían servido para la entrada de los Césares en la capital del mundo; sin embargo, era sin duda más digno de este homenaje el general americano, que daba la libertad a los pueblos, que a los emperadores romanos que lo encadenaban. Hasta en los más tristes y desiertos pueblos se le dieron grandes banquetes, bailes, representaciones dramáticas, trayéndose los objetos de estos lujos a grandes costos desde las partes más remotas de la república. Una miserable aldea, situada en las heladas regiones de la Cordillera de los Andes, se convertía como por encanto, el día de su entrada y durante su permanencia en ella, en una populosa ciudad y en una brillante corte republicana. «Aun el clima, decía una de las gacetas de Puno, parece haber variado en las regiones frígidas del Collao con el calor de los fuegos artificiales, de las estufas y de las chimeneas que en ella se hicieron aparecer, al paso del Libertador.»

Sobre todo las fiestas que se hicieron a su entrada en la antigua capital de los incas excedieron todas las otras en riqueza, variedad y profusión. Al frente de la numerosísima comitiva que de la ciudad salió a recibirlo, fueron doce chiquillas del Colegio de educandas, vestidas de vestales peruanas, y una de ellas, la más hermosa y significativa por su descendencia, pues pertenecía a una de las familias más ilustres que habían sido sacrificadas por el gobierno español, y cuyo padre pereciera en un patíbulo, llevó una guirnalda de brillantes por un valor de 80.000 pesos, que, bajo el arco que conduce a aquella ciudad, puso graciosamente sobre la frente del libertador, dirigiéndole algunas palabras análogas y sentimentales. Bolívar aceptó con agradecimiento, y la ofreció con generosidad a un jefe colombiano. Los esfuerzos del general Gamarra que entonces era prefecto del departamento, que temía que la indignación del libertador contra él lo hiciera desaparecer, y que quería, por consiguiente, aplacarla a costa de los mayores sacrificios, contribuyeron a esta extraordinaria pompa de la recepción de Bolívar hecha por el Cuzco. En esta ciudad y en la de Potosí, se acuñaron medallas de oro y plata con su busto, que se distribuyeron a su entrada en estas capitales.

Cuando Bolívar regresó a Lima, el Congreso decretó que se le diese un millón de pesos del Erario nacional como una de las pruebas de su reconocimiento por los grandes servicios prestados al país, además de dos millones que también decretó en favor de las tropas colombianas que realizaron las campañas de la independencia, para ser distribuidos, como efectivamente lo fueron, de generales para abajo, conforme sus graduaciones. En cuanto a la suma asignada a Bolívar, éste se negó a aceptarla, y solo a instancias de la asamblea la admitió, remitiéndola inmediatamente a su patria, para que la empleasen en objetos de utilidad pública.

En una de las primeras proclamas que este ilustre hombre dirigiera a los peruanos, antes de entrar en su territorio, les había dicho, entre otras grandes cosas: «¡Peruanos, yo no os tomaré un solo grano de arena!»

Estas palabras las había expresado con sinceridad; estaban de acuerdo con sus sentimientos y no quería desmentirlas. Estos hombres raros son los verdaderos grandes hombres. ¡Qué desgracia para la humanidad que estén sujetos a pagar, como los hombres vulgares, el tributo de la muerte!

El Congreso de Bolivia le otorgó también otro millón de pesos, que igualmente rechazó admitir, y que no aceptó sino a instancias del mismo Congreso, y con la condición de que fuese esta suma empleada, como lo fue efectivamente, en rescatarse la libertad de cerca de mil esclavos que existían en aquel país. ¡Almas como éstas no produce la naturaleza a cada instante! Además de esto, la república boliviana, antes Alto Perú, tomó aquel nombre del héroe, su libertador, y acuñó su moneda con el busto de él.

Capítulo II. Vista general del Perú independiente, hasta la primera revolución

Después de la batalla de Ayacucho, presentaba el Perú todos los elementos que puedan hacer próspera y feliz una nación. Tenía independencia, tenía libertad, tenía patria, tenía hombres, cultura, riqueza, tenía moral, virtud, nacionalismo. El primer héroe de la América meridional, Bolívar, cuyo nombre en ese momento volaba en alas de la fama a todos los ángulos de la tierra, se hallaba en la capital, estimulando los ánimos a la gloria y teniendo en sus manos la suma de los poderes públicos. A su lado estaban Sucre, La Mar, Córdova, Necochea, Lara, Otero, Silva, Plaza, Miller y otros guerreros de genealogía de los Sidneys y de los Lafayettes. En ejército de bravos, vencedores de veinte batallas, y en cuyos cuerpos estaban aún recientes las heridas recibidas en los campos de la gloria, protegía las primeras instituciones que se hacían para organizar un nuevo Estado. Pando, Guido, Unanue, Larrea y Loredo, Sánchez Carrión, Luna Pizarro, Monteagudo, Pedemonte, Mariátegui, Heres, Martínez, León, Moreno y otros muchos hombres eminentes, dirigían la política y daban impulso a las opiniones. La sociedad electrizada con la imagen del triunfo reciente de sus armas y de la inmensa perspectiva de felicidad que se le ofrecía, seguía con placer la marcha del gobierno y recibía con entusiasmo las leyes que se le daban; leyes que eran concebidas y aprobadas con el ardor del patriotismo.

Los magistrados encargados de la administración pública eran venerados por el pueblo, y éste por su vez recibía de ellos el homenaje a sus sacrificios. El concurso simultáneo, aunque pasajero, de mil circunstancias felices que parecían haberse reunido de pronto, estableció una admirable armonía entre el pueblo y el gobierno y una rara distribución de derechos y de deberes entre los que debían obedecer y los que estaban destinados a mandar. La libertad, la seguridad, la protección de las leyes, el camino de las honras y de la fortuna, existían para todos; el poder estaba con aquellos que podían comprender sus propósitos, aunque no conocieran los medios para conservarlos; con aquellos que eran muy orgullosos para poder someterse a la servidumbre, y muy generosos para que deseasen tener esclavos; con aquellos que, ansiosos del progreso intelectual y del bienestar físico de los pueblos, consagraban a este objeto sus tiempos y sus desvelos; con aquellos finalmente que, gozando de las ventajas de una educación liberal, tenían una alma superior a los preconceptos, ya que no lo tenían a los celos y a las rivalidades.

Entretanto, todos los ciudadanos tenían participación en el poder, no obstante, solo una parte bastaba para reprimir los actos de despotismo y para elevar los ánimos sobre los sentimientos del interés material. Todos participaban del poder, pero como ciudadanos y nunca como magistrados. El honor, la vida, la propiedad y todos los derechos individuales, se hallaban garantizados por las leyes y por el poder que las ejecutaba, en todo lo humanamente posible. Mientras que la exposición pública de los vicios privados y la difamación personal eran reprimidos por todos los medios legales, el comportamiento de los magistrados y de todos los funcionarios públicos sufría un examen asiduo y una investigación constante.

Los pueblos estaban sometidos a todas las determinaciones del gobierno, pero esta subordinación era la subordinación de un pueblo libre a la autoridad ejecutiva, era la obediencia a las leyes y a los magistrados que él mismo creara, era la expresión de respeto y gratitud de una acción magnánima y generosa para con los custodios de su libertad, era finalmente el homenaje a la virtud y al merecimiento.

Bajo la influencia de este feliz sistema de administración, avanzó positivamente el Perú a su prosperidad. Todas las fuentes de engrandecimiento nacional fueron abiertas por el genio de Bolívar y conservadas por las virtudes de La Mar. Se explotaron nuevamente las minas, como lo habían sido en tiempo del gobierno español; se animó y engrandeció el comercio con la entera libertad, con la competencia, con la baja de tarifas y con la comunicación franca con todas las naciones; se reformó el sistema de hacienda y se simplificaron los reglamentos de las oficinas; se estimuló y atrajo la emigración extranjera con concesiones generosas y lucrativas; se crearon colegios, academias, bibliotecas nacionales; hermoseáronse las ciudades con monumentos públicos, con jardines, alamedas y paseos; se ofrecieron premios a las invenciones en las artes y en las letras; se establecieron relaciones con los estados de Europa, a cuyas principales potencias se mandaron ministros y agentes; se mejoró finalmente la condición de los indígenas, elevándolos a la categoría de ciudadanos y ofreciéndoles instrucción.

En esos días se oyeron los ecos de la sublime poesía de Olmedo y se hicieron los cálculos profundos de Paredes. Pando comentaba los pensamientos de Chatham, y Vidaurre popularizaba las doctrinas de junio. En la tribuna, en el púlpito, retumbó la voz de una elocuencia varonil. Las imprentas periodísticas, disputando arduamente las gracias de un estilo encantador, ventilaban con celo y asiduidad los asuntos más importantes del Estado. El patriotismo absorbía todos los sentimientos, y las virtudes republicanas brillaban con el sacrificio voluntario de la tranquilidad y de la fortuna de cada uno de los ciudadanos.

A pesar de todo esto, bien rápidamente estos días de prosperidad naciente desaparecieron bajo la influencia de los partidos, de las ambiciones y de las rivalidades que se originaron en el mismo seno de la felicidad, tan pronto como los peruanos se vieron libres del yugo español y comenzaron a disfrutar los goces de la libertad y de la independencia.

La historia circunstanciada de este vasto cuadro de conmociones y de acontecimientos extraordinarios será la tarea propia de uno de aquellos escritores vigorosos y enérgicos, cuyo genio sabrá crear colores bastante vivos y fuertes para pintar las graduaciones de estos sucesos que progresivamente fueron conduciendo a la nación peruana a su última decadencia y ruina. Solo el águila puede remontarse con un vuelo atrevido hasta una altura para poder dar una mirada de conjunto a un vasto y enmarañado paisaje. Yo no me siento, al trazar este bosquejo imperfecto, ni con las fuerzas ni con los medios para atreverme a emprender esta inmensa tarea en esta tierra bienaventurada de mi asilo.

El prudente nauta que no tiene para navegar sino una frágil nave, no se enfrenta a las olas espumosas de un mar encrespado, y mide su curso por la fuerza y por la extensión de sus velas.

Meteiri se quemque suo modulo ae pede veum est.
(Horacio)

Pero, mientras llega el día en que una mano poderosa corra el velo que cubre este vasto teatro de virtudes y de crímenes, de grandeza y de abatimiento, de pasiones elevadas y bajas, me esforzaré por presentar una idea muy general, aunque imperfecta, de él, a fin de satisfacer de algún modo la curiosidad de aquellos que no quisieron ser huéspedes de los acontecimientos de su siglo. Muchas veces testigo ocular, desde la primera revolución militar en tiempo del general Gamarra, algunas veces espectador lejano, aunque siempre contemporáneo, expondré con imparcialidad aquello que mis circunstancias me pusieron en estado de saber, sin nunca lanzarme a hechos aventurados ni a cuadros pintados con los colores del odio.

Capítulo III. Acontecimientos más notables desde la independencia definitiva hasta la retirada de Bolívar

La nación Peruana, reconocida en parte por los servicios que le prestara Bolívar, y hallándose por otra parte en una situación en que solo el poder de un dictador podía salvarla de la anarquía o de la esclavitud, lo invistió por medio de sus represenes, de este ilimitado poder. Bolívar lo aceptó por la segunda vez, con el ofrecimiento de no hacer uso de él sino cuando fuese necesario para asegurar la consolidación del país, y mientras en el mismo existiesen circunstancias que amenazasen su tranquilidad. Durante este período de su administración, gozó el Perú de prosperidad y apareció grande y respetable a los ojos de los demás estados de América, y aun de Europa, conforme lo indicamos en el capítulo anterior. Entretanto, no siendo en general esta prosperidad hija de instituciones sólidas y duraderas, adaptadas al carácter de los pueblos y conforme al espíritu de republicanismo riguroso y de independencia, dominantes en el Nuevo Mundo, pero sí siendo el efecto del estado feliz en que se hallaba el país a pesar de la larga guerra sufrida, con riqueza, con hombres de talento y aptitud, con ilustración, con patriotismo y consagración a sus hijos y con una población regular, se iba a lo lejos preparando la tempestad en el silencio, y los elementos de la ruina se agrupaban sordamente sin que la hubiesen podido presentir los ojos eléctricos del libertador, ni la previsión de sus grandes ministros, ni el instinto de los pueblos, envueltos todos en el manto del entusiasmo.

El Libertador había concedido a Bolivia una constitución que aunque conteniendo principios monárquicos y admitiendo la existencia de un presidente vitalicio, había sido aceptada por aquella república con satisfacción y aplauso general. Lisonjeado por este éxito y por la acogida recibida en las provincias del Alto y Bajo Perú, conforme manifestamos en el capítulo 1.º, época tercera, pensó que aquella constitución sería también aceptada por los pueblos del Perú, y en consecuencia propuso su adopción, cometiendo con esto el más grande error que contribuyó principalmente a su caída, y que desde luego debilitó su influencia en la mente de los republicanos. Confirmado en una idea tan contraria al espíritu del siglo por los aduladores y aspirantes que trataban de lisonjear su amor propio haciéndole la corte, al igual que los cortesanos de Europa a los reyes, olvidó o no consideró que ningún gobierno sería duradero en aquel país, a no ser basado en la opinión pública, y desconoció la falta de aplicación de principios que solo podrían encuadrar al sur de Europa.

Los peruanos, ya libres de peligros por parte de España, comenzaron a sentir con impaciencia el peso de los aliados que les ocasionaban grandes gastos y sacrificios; y por otro lado, aunque las tropas colombianas observaban en el país una moral y una disciplina estrictas, sus hábitos y sus costumbres nacionales eran enteramente diferentes a los hábitos y costumbres del Perú. El código boliviano, por lo tanto, era en consecuencia impopular para la mayoría de los habitantes, tanto que los mismos esfuerzos que se emplearon a fin de preparar los ánimos para aceptar la constitución no hicieron más que aumentar la mala voluntad que por ella sentían. Desde antes había ya existido un partido anticolombiano, y este espíritu tomaba ahora más fuerza y formaba un partido fuerte. Al desafecto siguió el disgusto, al disgusto el descontento general. Se descubría, poco después, una conspiración que tenía por objeto el asesinato de Bolívar y la expulsión de las tropas colombianas del territorio peruano. Afirmaron unos que esta conspiración fue tramada por un pequeño grupo de oficiales subalternos y por civiles de poca influencia, y otros que era enteramente imaginaria.

Para juzgarse a los cómplices de esta verdadera o pretendida conspiración, se formó un tribunal supremo que exhibió un celo y una severidad igual a la manifestada por el tribunal marcial permanente que existía anteriormente. Un oficial peruano de gran merecimiento fue condenado al fusilamiento; marchó al suplicio con admirable serenidad de ánimo y al sentarse en el banquillo, pronunció un breve discurso cuyas últimas palabras fueron, que moría por la patria. El coronel Vidal, que en tiempos posteriores llegó a ser general y presidente provisional del Perú, huyó al interior y fue, con varios otros oficiales tachados de la lista militar y condenado a diez años de prisión. Ninavilca, jefe afamado de guerrillas, y montoneras que hizo terrible guerra a los españoles, y otros caudillos de la misma categoría, huyeron también y fueron condenados en su ausencia a la horca, no obstante hallarse este género de castigo abolido por un decreto del año 22, dado por San Martín. Los generales Necochea y Correa, los coroneles Estomba y Paulet, con algunos de los principales comerciantes de la capital, entre los que figuraba, don José Sarratea, célebre por su patriotismo desde el principio de la revolución de Buenos Aires, fueron obligados a dejar el país.

Este acontecimiento inesperado hizo que Bolívar se decidiese a dejar el Perú, por la tercera vez. Se difundió la noticia por la ciudad, causando una sensación de desasosiego y aumentando el temor que habían ocasionado los sucesos de la conspiración. El 13 de agosto de 1826 fue el día anunciado para su partida. El pueblo mostró gran agitación y ansiedad desde la mañana del día 13 hasta la tarde del día 16. Los que deseaban que en el Perú se estableciese un gobierno fuerte y enérgico, hicieron uso de todos los recursos de su entendimiento, y se valieron de los argumentos más poderosos para disuadir a Bolívar en su determinación pero éste se mostró inexorable.

En la mañana del 13, los habitantes del barrio de San Lázaro, sobre la margen izquierda del Rímac, acompañados de bandas de música y llevando el estandarte bicolor por delante, marcharon en procesión hasta la plaza mayor donde se situaron, llenando un inmenso espacio frente a palacio. Al presentarse Bolívar por una de las ventanas, retumbó el aire con vivas y exclamaciones que duraron varios minutos. Luego vino el silencio, y encaminándose el cura de S. Lázaro a palacio dijo al Libertador en nombre del pueblo «que él solo podría dejar el país pisando los cadáveres de ese mismo pueblo a quien diera independencia y de cuyas libertades fuera celoso guardián». Los miembros de la municipalidad, formados en grupo, llegaron después, pidiéndole la gracia de no abandonar la patria de los incas, aquella tierra que tantas veces él había declarado ser la tierra de «su predilección». Bolívar respondió con una negativa absoluta, y entonces colocando a los pies del Libertador las insignias de su oficio, agregaron «que en tal caso no continuarían en el ejercicio de su ministerio».

Enseguida se fueron presentando sucesivamente todas las delegaciones mandadas por las diferentes parroquias de la ciudad, a fin de poner un muro inexpugnable al intento de Bolívar; pero éste, firme como una roca, rechazó dar la más pequeña esperanza de permanecer en el país, hasta qué movido por el peso de la gratitud por tantas y tan grandes pruebas de adhesión de una capital entera y por las repetidas e incansables súplicas de la población que en su instinto presentía las crueles calamidades que vendrían después de su partida, prometió dar una respuesta irrevocable en el plazo de ocho días.

Las corporaciones continuaban haciendo sus peticiones, y las provincias mandaban diariamente a sus representantes; el palacio se llenaba de inmensa multitud de ciudadanos de todas clases, y hasta los campesinos de las villas y lugarejos adyacentes, que venían a unir sus ruegos con los de la capital, fueron admitidos, por la primera vez en tres siglos, dentro del recinto sagrado de la antigua casa de los virreyes, hoy casa suprema del gobierno. El ejército nacional manifestó también sus más vivos deseos de que el Libertador continuase permaneciendo en el país.

Siendo el día 15 del mismo mes de asistencia pública a la catedral, Bolívar se vio obligado a asistir, acompañado de todos los magistrados, corporaciones y empleados de la capital. A su regreso de esta ceremonia, retumbó el palacio con una multitud de arengas patéticas y elocuentes, que tenían por objeto recordarle las indestructibles relaciones que existían entre él y el Perú, y disuadirlo de su intento de abandonar este país en ocasión en que más necesitaba de su protección. El docto y virtuoso eclesiástico Carlos Pedemonte le dijo en esta oportunidad en nombre del clero «que el Perú dejaría de existir, tan pronto como aquel que fuera el árbitro de la misma fortuna llegase a abandonarlo». Bolívar, siempre elocuente y enérgico dio por única respuesta estas palabras: «Si yo solo escuchase los deseos de mi corazón, me quedaría con los peruanos que supieron ganar todos mis afectos; entretanto, me llama mi patria, y, cuando habla el deber, necesario es obedecer sin dar atención a las seducciones del sentimiento».

Las bellas matronas de la capital, reunidas previamente en sala consistorial, llegaron a palacio vestidas de gran gala para unir sus votos a los votos de los hombres; esperaban, con el poder de sus gracias y de sus encantos, quebrar la inflexible determinación de Bolívar. Y ¿quién habría resistido a los ojos de estas hechiceras, que con sus miradas de fuego arrebataban el alma de cuantos las contemplaban? Después de escuchar el héroe de temple de acero los dulces ruegos de estas hermosas intercesoras, respondió: «El silencio debería ser la única respuesta que yo podría dar a esas encantadoras expresiones que me cautivan no solo el alma, sino también el deber. Cuando habla la belleza, ¿qué pecho puede resistir? Yo también fui soldado de la belleza, porque combatí por la libertad, y la libertad es bella; derrama la dicha y adorna con flores la senda de la vida». Al concluir estas palabras se agruparon las señoras en torno de Bolívar, y, después de una discusión larga y animada, gritó una voz angélica: «¡El libertador se queda en el Perú!».

Una aclamación general fue la respuesta y conclusión de esta escena en que combatió la rudeza con las gracias. ¡Qué alma tan grande la de Bolívar! ¡y qué desapego ejemplar! Renunciar tantas veces y con tanta firmeza a los inciensos del poder, y de un poder más grande y más bello que el de los reyes, porque estaba afirmado en la voluntad, en el entusiasmo y en la admiración de los pueblos y rodeado de los favores de la belleza, ¡no se registra en las páginas de la historia de Carlos XII, de Pedro el Grande ni de Napoleón Bonaparte! Solo esto bastaría para justificarlo de las calumnias con que sus gratuitos enemigos quisieron oscurecerle la gloria; y cuando digo gloria, no me refiero a las mil victorias que le coronaban la frente; hablo sí de su gloria mayor, de su patriotismo, de su consagración, de sus sacrificios en pro de los pueblos hasta su llegada al sepulcro.

Al día siguiente, los colegios electorales de provincia y de la capital resolvieron que fuese la Constitución Boliviana adaptada en el Perú, y que el Libertador fuese nombrado presidente vitalicio.

Después de estos acontecimientos, se ocupó Bolívar seriamente de la reunión de un Congreso General Americano, cuyo objeto era estrechar las relaciones de los nuevos estados, combinar sus fuerzas para rechazar cualquier ataque o usurpación del extranjero, prevenir y decidir sobre las diferencias políticas que pudiesen originarse entre ellos, y observar finalmente la política europea con respecto a los intereses de los estados americanos. Para la realización de este vasto proyecto, que comprendía la formación de una gran confederación americana, cuyo protector supremo debía ser el mismo Bolívar, convidó éste a los diferentes gobiernos de los nuevos estados para que enviasen a sus respectivos representantes a Panamá, punto asignado para la reunión del congreso. En este proyecto tuvo gran participación el célebre Monteagudo, que en ese entonces era ministro y que usó todo su talento para este fin.

Mientras que en el Perú se hacían estos preparativos, los negocios políticos de Colombia, que iban comenzando a complicarse, exigían ya imperiosamente la presencia de Bolívar en aquel país. Con este motivo, se vio obligado a dejar el Perú antes de haber establecido nada duradero, antes de haber organizado un sistema de administración capaz de uniformizar las opiniones y de contener a los funcionarios públicos dentro de los límites de sus respectivos deberes.

A su llegada a Colombia, trató Bolívar de hacer que la Constitución Boliviana fuese también recibida en esa república, a fin de extender así su poder desde Potosí hasta las márgenes del Orinoco. Todos esperaban ver, de un momento a otro realizado el proyecto de gran confederación entre el Perú, Bolivia y Colombia; sin embargo, como aquella constitución era tan inadaptable en la primera como en la segunda de estas repúblicas, fueron vanas todas las tentativas que se hicieron con este intento.

No obstante, se realizó en esa oportunidad la reunión del gran congreso de Panamá, de cuyos trabajos y sabiduría se esperaban resultados de una magnitud gigantesca. Los diputados parecían tener entre sus manos los destinos de la América entera; sin embargo, sus tareas se limitaron a unas tantas proclamaciones escritas ciertamente con mucha erudición y en estilo magnífico, pero que, rodando sobre el mundo de las teorías, sirvieron para cautivar la imaginación, pero no para producir el resultado esperado. Los diputados desconocieron la verdad de que los intereses, los hábitos y el carácter de los nuevos estados eran y son tan varios, y a veces tan opuestos entre sí, como lo son los de las naciones rivales de Europa.

Bolívar, que fue el genio de las batallas, nunca se mostró genio de la política, no preparó maduramente todos los medios para conseguir su grandioso proyecto, ni todos los hombres, de quienes para eso se valió, tuvieron toda la capacidad, celo y fidelidad necesarias. Sin embargo, su proyecto de un congreso americano para estrechar las relaciones de los estados nacientes y formar entre ellos una liga contra cualquiera nueva tentativa de España, o de cualquier otra potencia europea, era en sí magnífico, útil y digno de que todos los pueblos Hispanoamericanos hubiesen cooperado para su formación. Bolívar expresaba en esta idea una que nacía de sus épocas; acababa de consumar la separación definitiva de las colonias españolas, y esta separación, no existiendo aún nacionalidades, había sido operada con el concurso de todos los americanos indistintamente. Bolívar nacido en Caracas,

120

y San Martín en Buenos Aires, habían llevado la guerra donde quiera que se levantaba la bandera española, hasta que en Junín y Ayacucho se reunieron y se confundieron estas dos corrientes libertadoras, absorbiéndose una en la otra. Bolívar, pues, pensando en la instalación y permanencia de un congreso americano, pensaba en el porvenir de su obra. España no había reconocido la independencia, y nadie podía asegurar por entonces que algún día tarde o temprano, no principiase de nuevo la guerra en algún punto para donde, como hasta entonces se había hecho, era necesario que todos los estados dirigiesen sus fuerzas a fin de rechazar una agresión que a todos comprometía. Para la armonía general en la política americana, toda república es distinta de la europea, y para el caso de iniciarse de nuevo la guerra con España, un congreso era un medio curativo real, porque las colonias todas veían su independencia amenazada, y agresión en parte, significaba agresión total.

Mientras tanto las nuevas repúblicas, después que se vieron independientes y que comenzaron a gobernarse por sí mismas, se hallaban demasiado ocupadas con sus propios problemas, demasiado llenas de novedades, de grandeza, de prosperidad, demasiado ocupadas en el presente para pensar en extender su vista hacia el porvenir ni en llevar su elaboración política más allá de los límites de su suelo. Así, el gran congreso americano, tan lujosamente embellecido con los escritos del célebre patriota y estadista Vidaurre y fundamentado y enérgicamente defendido por el ministro Monteagudo, quedó en la categoría de un espectáculo en gran día de parada.

A la salida de Bolívar del Perú, se constituyó un Consejo, Supremo de Gobierno; el general Santa Cruz quedó a cargo de la presidencia y el general Lara al mando de las tropas colombianas. El ministerio estaba integrado por don José María de Pando, don José Larrea y Loredo y don Tomás Heres, el primero encargado de las relaciones. internas y externas, el segundo de hacienda y el tercero de guerra.

El consejo de gobierno decretó que el 9 de diciembre siguiente, día del aniversario de la batalla de Ayacucho, se prestase el respectivo juramento de obediencia a la constitución Boliviana. Las autoridades y los empleados parecieron recibir el decreto con agrado y satisfacción, pero la mayoría de los habitantes de la capital manifestó un disgusto y una repugnancia evidentes. No obstante, se prestó el juramento en todas las provincias con toda la pompa y solemnidades de estilo.

La opinión pública comenzó, entonces, a dividirse abiertamente en dos partidos bastante diferentes, uno que deseaba y juzgaba necesaria la permanencia de Bolívar en la dictadura, y el otro que la reputaba innecesaria, funesta al país e incompatible con las libertades públicas. La prensa se ocupó fuerte y extensamente de este asunto. Los amigos de Bolívar recordaban los días pasados, las horas de peligro del Perú; recordaban los rasgos característicos de la vida pública de este héroe, hacían la elocuente reseña de los servicios eminentes prestados al país, de sus virtudes, de su heroísmo, de su desapego generoso, de la prosperidad que había gozado el Perú bajo su administración. Sus enemigos, por el contrario, enemigos por ambición y resentimientos, clasificaban sus actos de atentatorios contra la soberanía nacional, y lo acusaban de querer revestirse de poder.

La mayoría del pueblo pronunció solemnemente su opinión de que había sido obligado por la fuerza a adoptar el código boliviano, y que era ilegal la elección hecha para presidente vitalicio de la república en la persona de Bolívar, ya que los colegios electorales no tenían facultad para resolver asuntos de esta naturaleza, siendo atribución únicamente de un congreso general la determinación de la forma de gobierno bajo la cual debía ser regido el país. Las tropas bolivarianas existentes en el Perú se declararon igualmente contra la adopción del código boliviano.

La consecuencia de todos estos incidentes fue una revolución militar, y después un cambio político que destituyó a Bolívar de la dictadura y declaró innecesaria para el futuro su intervención en los asuntos del Perú. Un oficial peruano llamado Bustamante sorprendió y apresó una noche, en su domicilio, a los generales Lara y Pando, con otros varios jefes colombianos que, siendo considerados como enemigos de la revolución, fueron inmediatamente enviados a Guayaquil. Los ministros Pando, Larrea y Heres renunciaron; se formó un nuevo ministerio compuesto por Vidaurre, José Morales y don Juan Salazar, continuando a la cabeza del gobierno el general Santa Cruz.

Este nuevo gobierno trató inmediatamente de que las tropas colombianas dejasen el territorio peruano, enviándolas a Guayaquil, bajo el comando del coronel Bustamante, después de haberles pagado la suma de 200.000 pesos por sus servicios prestados.

Después de este cambio, se ocuparon los poderes públicos de apoyar y justificar la medida adoptada por el nuevo ministerio para cortar la ulterior ingerencia extranjera en los asuntos del Perú; pero, fue siempre hablando de Bolívar con el mayor respeto y expresando la gratitud del pueblo peruano para con los servicios por él prestados. Así terminó el poder ilimitado que Bolívar ejerciera en el antiguo y opulento imperio de los incas; y he aquí el reverso del cuadro que presentó la capital de este imperio poco tiempo antes, cuando toda su población, presidida por el clero y acompañada del bello sexo, le rogaban como a un dios que no abandonase el país, y sus magistrados expresaban que, si él partiere del suelo predilecto, no continuarían ejerciendo sus funciones.

Si este cambio político fue un acto de ingratitud de parte de los peruanos para con el hombre que les dio la patria, libertad e independencia, o si fue una medida razonable y justa que un pueblo, nutrido con los principios de libertad, tomó para librarse de una autoridad absoluta, semejante al despotismo en su absolutismo, será una cuestión que resolverá la posteridad, cuando del caos salgan los hechos verdaderos de la vida de Bolívar, y la historia de las revoluciones americanas. Entretanto, es oportuno resaltar que aquel cambio político se preparó y realizó con la mayor habilidad y circunspección; ningún acto de venganza, ninguna extorsión, ninguna víctima ensangrentada, mancharon este acontecimiento notable en la vida del Perú independiente.

Capítulo IV. Juicio sobre Bolívar

Bolívar, solo con su nombre, comprende las más bellas páginas de la historia de la América del Sur y presenta un campo hermoso y vasto donde podría extenderse y lucir un entendimiento fecundo y expresivo y pasear con plenitud y majestad una imaginación florida y pintoresca. El heroísmo y el amor a la libertad aparecen en toda la grandeza de su carácter; con un sentimiento de admiración respiramos, en medio de los combates, todo el fervor patriótico, todo el entusiasmo eléctrico a que da nuevo esplendor y sentimiento de la independencia. El que llegue a bosquejar el carácter y los rasgos principales de la vida pública de Bolívar será un historiador que tenga la serena energía, la grandeza mental del héroe cuya gloria se extendió por todo el mundo. Mientras tanto, necesario es ahora decir algunas palabras sobre este elevado argumento.

Bolívar pertenece a aquellos genios que aparecen de siglo en siglo para mudar las leyes e invertir el estado de la sociedad. La naturaleza se esmeró en su formación. Dotado de una energía rara, de una actividad que nada podía agotar, de un valor que las dificultades y los peligros parecían exaltar, de una rapidez de resolución y abundancia de recursos que nunca lo tomaban de improviso en medio de las más críticas circunstancias, consiguió transformar a sus colaboradores en la causa de la libertad y pasar al alma de sus soldados una parte del fuego que animaba la suya, y comunicar, finalmente, a todas las ramas de su misión y de sus tareas más vigor, más rapidez y una exactitud asombrosa. Dueño de una mente vasta que en un instante abarcaba los hechos pasados y futuros y sus relaciones, con el corazón fuerte del león que le hacía arrojarse a los peligros y desafiar la muerte, y con la mirada penetrante del águila, con la que en un solo instante recorría todos los puntos del teatro donde operaba, era el genio de las batallas, el pontífice de la democracia, hombre inmenso en su constancia, en su valor y en su amor por la libertad.

Verdad es que Bolívar se presentó en el teatro de la lucha de la independencia, cuando ésta ya había comenzado; Venezuela y Caracas ardían ya en las llamas de la libertad y escuchaban el estampido del cañón desde hacía ya tiempo, cuando él desenvainó su espada; pero ni por eso es menos grande su gloria, ni menos vasta su misión, porque él consumó la obra de los votos de medio continente. En 1812, Venezuela, y con ella toda Colombia, estaban entre la vida y la muerte, cuando él llegó a salvarla con un puñado de valientes que su genio improvisó. Lanzándose a una carrera en que combatieron los hábitos antiguos con las nuevas doctrinas. El congreso de Venezuela estaba integrado por elementos discordes, por hombres superiores, no obstante, algunos de ellos notoriamente realistas, cuyos motivos no eran dignos de culparse, porque la lealtad es muy esencial para la conservación de las sociedades, pero que contrariaban fuertemente el progreso de la causa americana. Y la Sociedad Patriótica de Caracas era una asociación de puros y desinteresados patriotas, en que se habían alistado Miranda, Sans,

Roscio, Espejo, Santa y Buzy y otros tantos varones esclarecidos que se dedicaron a la misión de difundir los principios liberales, de uniformar la opinión pública y de poner al país en el camino de su dicha y progreso.

Pero los esfuerzos actuales de todos los trabajos anteriores de estos patriotas irían para siempre a desaparecer en la nada ante los reveses que acababan de sufrir las fuerzas libertadoras y con la terrible y amenazadora posición en que se hallaba Venezuela con los estragos del terremoto y la subsecuente internación del general español Monteverde en la provincia de Caracas. Sí, Venezuela estaba lista para sumergirse nuevamente en la esclavitud. El cuadro que en estos momentos presentaban aquellos patriotas venerables de la emancipación americana, combatidos por la intensidad del dolor presente y por los presentimientos de las calamidades que afligirían a la desventurada Venezuela, es la primera lámina que muestra el genio y la gloria de Bolívar. En la Secretaria del Gobierno de la república, estaba Roscio, dándose golpes en los dedos de la una mano en la otra; Espejo se hallaba sentado cabizbajo absorto en profunda meditación, y Santa y Buzy parado como una estatua junto a la mesa de su despacho. Este cuadro representa las agonías de la patria, y en tan tremenda situación aparece Bolívar alzando su poderoso brazo para restituir la vida a la libertad moribunda. Su alma de fuego recibe la inspiración divina, arranca, aparece cual el rayo de la tempestad para serenar y edificar después, persigue, pelea, combate inveteradas preocupaciones, vence al enemigo en el campo de batalla sin más elementos que su valor y su genio y cubre la América con el iris de su gloria.

Pero las elevados dotes de Bolívar no se cifran tan solamente en el valor, en la constancia, en la facultad creadora y en el amor a la patria; la generosidad más admirable, el más raro desapego y una elocuencia enérgica y varonil, lo distinguen también altamente de todos los grandes hombres de su época, y también de otros genios que en tiempos pasados marcharon por la senda de la gloria militar. Hijo de una familia ilustre y opulenta, heredero de una fortuna inmensa, que sacrificó íntegra por su patria, empleándola en los gastos de la guerra de la independencia, en cuya obra se consagró. Nosotros lo vimos negándose a aceptar millones y despojándose de la frente guirnaldas de oro y de brillantes que le ofrecían en ofrenda los pueblos que libertó; lo vimos cuando forzado a admitir aquellas muestras de gratitud pública, las emplea en comprar la libertad de los esclavos y en construir establecimientos de educación y de utilidad pública; lo vimos renunciando por tres veces a la dictadura, el mayor poder que puede un hombre tener sobre la tierra; lo vimos, por último, bajar a la sepultura, perdonando como el Mesías a sus gratuitos enemigos y mandando quemar sus papeles, ¡por no tener ya más sacrificios que hacer por su patria!

En cada uno de los triunfos de Bolívar, en cada función cívica, en cada aniversario de los acontecimientos memorables de la libertad, se le hacían felicitaciones en elevado lenguaje, y los palacios de Bolivia, Colombia y Perú retumbaban con arengas pronunciadas por los hombres más eminentes, por los oradores más célebres de estos países; y él, siempre genio inspirado, lleno de energía y de sentimiento, respondía a cada una de ellas con una elocuencia admirable, como si hubiese visto y estudiado de antemano su respuesta. En la víspera de los combates, en la hora que precedía las batallas, en el momento de la lucha, algunas palabras salidas de sus labios, fuertes como el trueno, rápidas como el rayo, penetrantes hasta el corazón, inflamaban a sus soldados y los llenaban de tal fiereza y de fuerza tan impetuosa, que la victoria tanto se debía a sus proclamas elocuentes como al poder de su espada y de su nombre.

En los brindis y otras respuestas improvisadas de este género, también sobresalía Bolívar. Hubo ocasión en que, en un gran convite en Lima, de pie sobre una silla porque la inmensa masa que se formó a su alrededor no permitía verle ni escucharle bien, hizo diecisiete brindis cada uno de los cuales, yendo a la prensa sin quitarle ni aumentarle nada, fue admirado por su precisión y oportuno contenido. Solo este talento bastaba para ganarle admiradores y partidarios a su causa.

Si lanzamos una mirada sobre la época de su administración en el Perú, la encontraremos llena de una grandeza y de un tipo particular que la distinguen notablemente de todas las otras épocas. Nunca la república se presentó más digna y respetada ante los ojos de las demás naciones, ni más próspera y llena de esperanzas. Así como fue el apóstol de la libertad en el tiempo de la guerra de la independencia, así en tiempos de paz hacía consistir su gloria en la gloria de los estados, cuyos destinos presidía. Extendiendo a todos, de igual modo, la diligencia de su gobierno, deseaba también garantizar los intereses personales del literato, del artista, del comerciante. El autor vio un campo abierto bello para sus trabajos, y el poeta dramático se encontró rodeado de una nueva perspectiva franca para los vuelos de su imaginación, el poeta épico gozaba de un cielo magnífico y sereno a donde alzar su genio. Las fábricas, que comenzaron a levantarse en tiempo de San Martín, obtuvieron franquicias y privilegios que restauraron una parte de la vida y de la actividad industrial del país; se concedieron iguales libertades al comercio, ya fomentado por varios decretos de su antecesor. Se exoneró al artista de todo tipo de impuestos; el operario fue libertado del oprobio, pudo atravesar todo el país sin ser molestado y establecer su morada en el lugar de su elección; los productos de su trabajo fueron sagrados e inviolables. Las clases pobres gozaron de establecimientos de educación, donde instruir a sus hijos, y la mano protectora del gobierno se extendió hasta los desvalidos y necesitados indígenas, en cuyo favor se dictaron leyes sabias; fueron reducidas sus contribuciones, se crearon escuelas y se les eximió de todo trabajo forzado y penoso.

Sería injusticia no atribuir a sus ministros y a otros hombres eminentes que lo rodeaban una parte de la gloria que circunda la época de la administración de Bolívar. Pando, Monteagudo, Heres, trabajaron con ardor imponiendo innovaciones provechosas. El mar tempestuoso que surcaban estos estadistas, o mejor dicho, las inmensas dificultades que tenían que vencer, para conseguir el fruto de sus humanos y generosos proyectos, los tornó aún más dignos de la gratitud pública.

En la época de Bolívar, se distinguieron muchos hombres en la carrera de letras, entre los cuales debemos mencionar al doctor Valdez y a Olmedo, dos de las capacidades más sólidas nacidas en el Perú, y cuyo nombre se conservó siempre con respeto en la memoria de sus compatriotas. El primero, profundo en la ciencia médica y literato ameno, que se presentó en las diferentes ramas de las bellas letras, tanto antiguas como modernas, dejó varias obras útiles, escritas con primor y originalidad, debiéndose entre ellas mencionar su bella traducción en verso castellano de los salmos de David. El segundo, poeta, economista y estadista, se distinguió en todas esas posiciones; su vida pública estuvo llena de variedad, ya a la cabeza de los negocios, ya de ministro plenipotenciario en Europa, ya de cantor de Bolívar en el retiro, murió dejando, para la gloria literaria del Perú, su inmortal poema de Junín y sus admirables versiones de algunas obras escogidas de Pope.

Entretanto Bolívar, fue genio de la guerra que nunca se mostró genio de la política. Cuando se presentó ante América, después de las últimas batallas que dieron fin a la guerra de la Independencia; cuando apareció en la cumbre del poder, con todos los atributos de la dictadura, rodeado de tantos prestigios y de tanta autoridad, esperaba el mundo que el Libertador constituyese los países a los que había dado la libertad; sin embargo, desvaneciéronse las esperanzas en un doloroso desengaño, y los resultados de sus últimos sacrificios como político, mostraron tristemente no estar destinados al éxito. Su teatro fue, por lo tanto, la guerra, su campo de gloria el campo de los combates, sus elementos los ejércitos y las armas; la paz era su muerte, el campo de la política el escollo de su influencia. La naturaleza lo destinó para libertar los pueblos de la esclavitud, y no para guiarlos en el reinado de la paz. Su misión terminó en la batalla de Ayacucho. Cuando llegó a las márgenes del Apurímac, y, bebiendo de sus aguas, invocó a los incas para entrar en su antigua capital, había ya este genio recorrido toda su carrera; ya estaba aquí en su occidente este astro brillante.

Tal vez él mismo conoció esta verdad cuando (suponiéndose que hablase con toda sinceridad) dijo al Congreso, al ofrecer el proyecto de constitución para Bolivia: «...Me siento confundido y lleno de temor, convencido de mi incapacidad para hacer leyes. Cuando considero que la sabiduría de todos los siglos es insuficiente para hacer una ley fundamentalmente perfecta, y que el legislador más ilustrado es tal vez la causa inmediata de las desgracias humanas, qué se puede esperar de un soldado nacido entre esclavos, sepultado en los desiertos de su país, sin haber visto más que cautivos entre cadenas, y compañeros de armas que se esforzaban por romperlas?... ¡Yo un legislador!...»

Algunos escritores trataron de comparar a Bolívar con Napoleón, otros con Washington y otros con Carlos XII; pero estas comparaciones y estos paralelos, aunque hechos con un ingenioso mecanismo de lenguaje y con un brillante elemento de colores vivos y variados, son enteramente falsos. Napoleón, por ejemplo, obró en un teatro y en medio de una generación enteramente diferentes a aquellas en que operó Bolívar.

Europa, en el siglo de la civilización, era sin duda diferente a América, que salía de las tinieblas; y Francia, cansada por la revolución y que quería descansar de sus violentas conmociones, era también diferente a Colombia y al Perú, que comenzaban a sentir la agitación de sus futuras conmociones. La misión de Napoleón fue restituir el equilibrio de Europa y la monarquía de Francia, convertida en república; y la de Bolívar fue separar la América del Sur de los cetros y de las coronas y devolver su libertad y su independencia al mundo poético de Colón. Napoleón combatió con ejércitos formidables con recursos inmensos; Bolívar, con un puñado de hombres reunidos por milagro. Napoleón combatió con soldados veteranos, coronados ya desde hacía veinte años con los laureles de la victoria; Bolívar, con civiles salidos de las quebradas andinas, transformados en soldados por su genio. Napoleón encontró para sus campañas, generales antiguos habituados a la victoria, llenos de prestigio y experiencia; Bolívar no encontró sino algunos patriotas generosos que no habían aún acostumbrados sus oídos al estampido del cañón. El único punto en que se pueden igualar y paralelar estos dos hombres extraordinarios es que ambos son héroes y ambos llenaron la historia con el tesoro de su gloria.

Debe por lo tanto Bolívar ser considerado por sí mismo y ocupar su puesto particular en la esfera de sus héroes, cuya gloria resplandece en el cumplimiento de su misión. Estuvo destinado a cumplir todas las promesas hechas al encargarse de la independencia de la América del Sur. Cometió errores, es verdad; pero las grandes acciones, las virtudes eminentes del héroe, muy superiores a las debilidades del hombre, le daban un justo derecho a la indulgencia y a la gratitud de sus conciudadanos; y si las reformas políticas, por él proyectadas y ejecutadas no tuvieron el resultado conveniente, no se debe atribuir la falta tan solo al Libertador, sino también a las fatales propensiones del tiempo, al torrente impetuoso y casi irresistible de la época, demasiado poderosas para ser contrariadas, a pesar de las precauciones posibles de adoptar por el genio humano. El mayor error que cometió fue el proyecto de la gran confederación entre Bolivia, Colombia y Perú, a cuya cabeza quiso colocarse.

Capítulo V. Época de La Mar

Breve bosquejo de la carrera pública de La Mar

El general La Mar, natural de Guayaquil, fue educado en España. En 1793, sirvió con crédito en la campaña de Roussillon, en el puesto de teniente del regimiento de Saboya. En 1808, con el grado de mayor, fue uno de los heroicos defensores de Zaragoza, donde quedó gravemente herido. Obtuvo después el comando de una columna en Valencia, en cuyo desempeño adquirió gran reputación en el ejército y gran aprecio y estima entre los habitantes de aquel país, con los cuales se mostró bastante popular. Llevado al hospital de Tudela para ser curado de sus graves heridas, fue incluido en las capitulaciones del general Blacke, y trasladado después a Francia, donde se mantuvo con gran firmeza y lealtad, sin querer jamás comprometer su palabra, hasta que en 1813 pudo burlar la vigilancia de sus guardias y huir a Madrid.

En 1814, fue ascendido al puesto de brigadier, y en 1816 enviado a Lima con el título de Inspector general del Virreinato del Perú, cargo que desempeñó con la mayor pureza y gravedad, atrayendo las simpatías de todos los vecinos principales de la capital.

Posteriormente, cuando las banderas de la libertad ondeaban en varios puntos de la América Meridional, renunció a su puesto ante el virrey y se pasó al ejército de la patria, en el cual fue recibido con entusiasmo. Desligado así honradamente de sus compromisos anteriores, sirvió con bizarría, valor y consagración a la nueva causa que abrazó, así como había desempeñado con fidelidad y nobleza los diferentes cargos que por sus merecimientos le confiara el gobierno español. Estuvo presente en varias de las campañas de la guerra de la independencia, en las cuales ocupó siempre los primeros cargos; combatió en las principales batallas, sobresaliendo notablemente en valor y pericia en las de Junín y Ayacucho.

Después de la mudanza política que destituyó a Bolívar de la dictadura y dio origen a la formación del nuevo ministerio del que hacemos mención en el capítulo III, época tercera, se reunió el Congreso el 4 de junio y lo eligió presidente de la República, y como vicepresidente fue electo Salazar y Baquíjano.

La administración del general La Mar se distinguió principalmente por el respeto a las instituciones patrias, por la marcha regular de los negocios públicos y por el contentamiento general de los pueblos, que más que en ningún otro período de su independencia, estuvieron en pleno gozo de sus derechos. Durante esta época, ningún acto de despotismo hizo verter una lágrima, o sumergió en el infortunio a ciudadano alguno. La justicia civil y política fue administrada con rectitud, extendiéndose su benéfica influencia a todos los ángulos de la república, a todas las clases y a todas las condiciones. Los cargos públicos fueron ejercidos por hombres de inteligencia y probidad reconocidas; los primeros empleos del Estado fueron otorgados a los ciudadanos más eminentes por su categoría, por su cultura y por su patriotismo, a los hombres que habían sido condecorados con los grandes títulos de honor que eran conocidos en la República.

En estos días felices, la prensa tomó entera libertad, o sea, una libertad que solamente estaba restringida por los deberes que imponen la moral, el decoro y la religión. La propiedad, la reputación, la seguridad individual, estaban al cubierto de los embates de la arbitrariedad. Las elecciones de los magistrados y de los representantes de la nación se hacían por la voluntad espontánea de los pueblos, cuyo espíritu se elevó a la altura de los grandes sentimientos que, en el ejercicio de este derecho de elección, se manifiestan más que en ningún otro.

Los diputados estaban en posición de amplia libertad para emitir sus opiniones, y tenían vasto campo para desarrollar su talento y cultura. Siendo éstos, en la mayor parte, hombres de fortuna unos, otros de virtudes y patriotismo, otros de talento y rectitud, cuyas circunstancias ponía cada uno de ellos a salvo de los embates del poder y les daba entera independencia en sus operaciones, marcharon con grandeza y energía en la legislatura, trabajaron con ardor para dar leyes sabias al país, aunque el éxito no coronó sus esfuerzos, y desplegaron a veces una elocuencia varonil e impetuosa que recordaba a la de los debates de las cámaras de Inglaterra, o mejor dicho, que les habría honrado, según la expresión del general Miller. Esta fue la época de Pellicer, de Távara, de Vidaurre, de Luna Pizarro, de Farfán, de Vigil, de

Figuerola y otros muchos oradores eminentes. Sus discursos permanecerán escritos y se encontrarán impresos en muchas gacetas de Lima; algún día, aunque supongo que será tarde, serán analizados y apreciados, cuando la historia se ocupe del Perú, en la calma de las pasiones, sin los odios y las rivalidades de los contemporáneos.

El ejército se hallaba igualmente en brillante pie, tanto por su moral como por su disciplina. Los soldados eran hombres que sabían que los deberes de ciudadanos debían cumplirse antes que ningún otro que los ligase a compromisos particulares, de hombres que no habrían preferido los honores de su profesión a los derechos primitivos que les pertenecían antes de ser militares, y que tenían por delante como derechos inherentes a la patria de la cual eran soldados. La oficialidad se componía de hombres educados en la escuela del honor, llenos de ambición por la gloria y de entusiasmo por los triunfos de la patria. Los jefes eran militares distinguidos y eminentes por sus antiguos servicios prestados a la causa de la independencia, hombres que se hallaban condecorados con las medallas de Junín, Ayacucho y otras célebres batallas en que salieron vencedores; hombres, finalmente, cuya reputación y talento habían sufrido la prueba del tiempo y de la opinión.

Las diversas fuentes de la prosperidad nacional, que habían sido abiertas por San Martín y ensanchadas por Bolívar, ofrecían ahora las esperanzas más lisonjeras. ¡Qué espectáculo tan seductor presentaban el trabajo y la industria! Los puertos eran frecuentados por barcos de todas partes del mundo; las aduanas y los almacenes, multiplicados en las capitales, estaban repletos de mercaderías de Europa, India, China y América del Norte. Los caminos eran transitados por una multitud de negociantes que de todas partes se cruzaban, llevando los productos de su comercio y de su trabajo; las mulas subían los Andes, y circulaban por los valles, curvadas bajo el peso de las barras de oro y plata, como dice un viajero imparcial. La actividad y el trabajo animaban las ciudades y los campos, y desarrollaban los recursos intelectuales. Por todas partes y en todos los sentidos se sentían los efectos de la seguridad y de la protección del gobierno y de las leyes; se viajaba libremente, sin necesidad de pasaportes.

Los ministros de La Mar bastante contribuyeron a este próspero estado del país, tanto por su talento como por su celo y patriotismo. Pero el hombre más influyente de esta época fue el célebre Luna Pizarro, hoy arzobispo de Lima. Este distinguido eclesiástico, natural de la ciudad de Arequipa, desde los primeros días de la independencia tuvo importante papel, como político y literato. Discípulo del señor Chávez: de la Rosa, Obispo de aquella diócesis bajo el gobierno español y uno de los hombres más sabios y opulentos de su época, tuvo la facultad de haber adquirido una vasta instrucción y una gran práctica en el manejo de los negocios del Estado. Llamado a ocupar varios cargos compatibles con su ministerio, nombrado constantemente diputado por las juntas departamentales de Arequipa, desempeñó los primeros con brillo y patriotismo, y manifestó en la segunda sus grandes aptitudes para sobresalir en la oratoria. En poco tiempo su nombre se hizo célebre en toda la república, hasta que últimamente, electo diputado al Congreso General Constituyente del que fue presidente, se convirtió en jefe de la facción que dominó por algún tiempo las cámaras y en el hombre más influyente en los asuntos administrativos del Estado. Con una sagacidad poco común, con una voz dulce y una insinuación seductora, con una amenidad inagotable y un encanto particular de expresión, cautivaba en la conversión y arrastraba la opinión en las Cámaras. Favorecido por estas cualidades, a las que se agregaba su táctica fina en los juegos de política, no solo consiguió gran predominio sobre el general La Mar, sino que llegó a dominarlo.

Campaña de Colombia. Batalla de Portete

Cuando el Perú avanzaba hacia su prosperidad bajo la administración circunspecta y paternal del general La Mar, se vio de pronto turbada la serenidad de su cielo con la aparición de un fenómeno bastante difícil de ser comprendido por aquellos que no hayan sido iniciados en los ministerios de este vasto drama de las revoluciones peruanas.

El general Bolívar, a su salida del Perú, había dejado en este país el recuerdo de varios resentimientos particulares que, guardados con rencorosa intención en el pecho de los ofendidos, eran un germen fecundo de hostilidad que tarde o temprano debía declararse contra él. Por otro lado, las medidas previas que tomara, y, en una palabra, todo el sistema administrativo que dejara establecido para llevar a cabo sus grandes planes, eran cabalmente los que debían frustrarlos. En la distribución de los empleos honorfficos y lucrativos, y más en la selección de los primeros puestos del Estado, no pudo su alma de fierro condescender con las pretensiones de la mediocridad, ni su conciencia de hombre superior podría postergar a ciudadanos eminentes que, por sus antiguos servicios, por su talento y cultura, eran los llamados a ocupar aquellos cargos. Este proceder, sustentado por la energía e inflexibilidad de su carácter y de su voluntad, formó contra él un partido de todos aquellos ambiciosos que habían visto frustradas susesperanzas y contrariadas sus pretensiones.

Por otra parte, las medidas adoptadas por el sistema administrativo que dejara establecido en el Perú y Bolivia, para llevar a efecto sus grandes proyectos, eran precisamente los que debían frustrarlos. El general Santa Cruz, a quien Bolívar dejó a la cabeza de los negocios públicos, el general La Fuente, quien obtuvo el grado de general después de la entrega de Riva-Agüero y a quien dio gran influencia en la administración el general Gamarra, Prefecto del departamento de Cuzco, el más importante por sus recursos entre todos los que integran la república peruana y el de más influencia en los acontecimientos políticos después de Lima, componían el triunvirato secreto que tramaba la total caída de la administración de Bolívar, en aquellos dos países, para subir ellos al poder, debiendo el primero gobernar Bolivia y el segundo el Perú, por turno. Consecuentemente, debían estos dos generales trabajar de acuerdo, como realmente trabajaron con el mayor empeño, haciendo uso de todos los recursos de la intriga y de todos los medios que les proporcionaba su posición favorable, para derribar el poder de Bolívar y cortar para siempre su ulterior intervención en los asuntos del Perú y de Bolivia.

Cuando, finalmente, Bolívar fue destituido del mando del Perú, estos tres aspirantes vieron frustrados sus proyectos con la designación que el Congreso hizo del general La Mar para presidente de la República y de don Manuel Salazar y Baquíjano para vicepresidente. Entonces el triunvirato, para llevar adelante sus propósitos, dirigió sus maquinaciones directa e inmediatamente contra la administración del general La Mar, e individualmente contra su persona, a fin de hacer desaparecer un hombre que les hacía sombra, y que, mientras continuase en el país, los mantendría en un estado de permanente inquietud y falta de seguridad. Para lograr este fin, trataron al principio de

134

influenciar al general La Mar, bajo la capa del patriotismo y de la prosperidad nacional, para que tomase cuantas medidas políticas y gubernativas fuesen necesarias para desacreditar su administración en el Perú e indisponer su gobierno con los estados vecinos, principalmente con Colombia. Si en este manejo oscuro y traicionero no encontraronen las virtudes de este jefe un acceso a sus propuestas, la fortuna de aquellos y la desgracia del país vinieron, finalmente, a proporcionar en la sinceridad y buena fe del general una coyuntura favorable para desencaminarlo de un asunto de gran importancia.

El resentimiento justo y natural que a Bolívar, a su patria y al ejército colombiano causó la repentina e inesperada mudanza hecha en el Perú, por la cual fue el Libertador destituido del poder y una parte del ejército expulsada del país, dio lugar a que las gacetas de Colombia y aun el propio Bolívar se expresasen de una manera ofensiva al nombre peruano y al amor propio de los que dirigieron y consumaron el cambio de gobierno. Se aprovecharon inmediatamente de esta oportunidad el triunvirato y sus satélites para exasperar los ánimos de ambas partes y realizar un rompimiento al que se daba, por supuesto, el carácter de una guerra nacional. Se escribieron artículos amargos e injuriosos en respuesta a los de Colombia, buscaron a La Mar por el lado débil, exaltando su entusiasmo ardiente por las glorias de su patria y del pueblo que lo idolatraba, cuyos representantes le habían confiado por aclamación la dirección de sus destinos. Le hablaron del peligro que habría para la independencia del país, en caso de no adoptarse una actitud de intimidación para Colombia y su caudillo, llevando un ejército poderoso a las fronteras de este Estado.

El presidente del Congreso, Luna Pizarro, que tenía enorme predominio sobre el general La Mar, como ya dijimos, y que tenía motivos de resentimientos particulares contra Bolívar, unió sus votos para favorecer, sin saberlo, los proyectos del triunvirato. El mismo La Mar también, parece que, teniendo motivos ocultos de resentimiento contra el libertador, se hallaba dispuesto a emprender la campaña contra Colombia y, por lo tanto, se decide a llevarla a efecto con gran preparativo y con un entusiasmo producto de las más brillantes ilusiones.

Después que Bolívar acabada de dar al Perú su independencia y de dejarle instituciones, patria y tranquilidad, después que el ejército auxiliar de

Colombia acababa de sufrir todas las fatigas de una encarnizada y prolongada guerra y de regar los campos de Junín y Ayacucho con su sangre y con la de sus compatriotas muertos heroicamente en el combate por la libertad de aquel país; América vio con sorpresa que, esta misma nación, el Perú, invadiese Colombia sin ninguna causa suficiente, sin motivo alguno que justificase tamaña ofensa o que estuviese sancionado por el derecho público.

Un brillante ejército de ocho mil soldados disponibles, profusamente equipados y excesivamente ensoberbecidos con el recuerdo de sus recientes glorias y con las lisonjeras proclamas de sus jefes, pasó las fronteras del Ecuador, y marchó hasta los desfiladeros de Portete, con el presidente de la república a la cabeza, el cual ostentaba el título de director supremo de la campaña, y con el general Gamarra como general en jefe del ejército. En estos desfiladeros, que nos recuerdan las celebradas Termópilas de la Antigüedad, situados los peruanos en un país cuyas localidades y circunstancias ignoraban, y en cuya posición no podían operar de un modo conveniente, se vieron obligados, por las medidas que para el caso tomó Bolívar, a celebrar una batalla sangrienta en que perdieron y consecuentemente en la cual tuvieron que capitular, situación poco honrosa para el Perú.

Este acontecimiento, que cubrió de una oscura nube los brillantes antecedentes del Perú, sirvió para aumentar con un trofeo más las pompas del general Bolívar. Si este hombre ilustre había sufrido los reveses de la fortuna en el campo movedizo y enmarañado de la política; si vio desaparecer como una sombra los grandiosos proyectos que tenía para organizar sobre bases eternas los países por él libertados y de ser el primer magistrado de una gran confederación en las playas del Pacífico; en el teatro de la guerra, era entretanto ese mismo hombre superior, a cuya espada iba unida la victoria y a cuya voz de trueno se movían las columnas para vencer.

Así pues, el destino castigó en los peruanos la temeridad y la injusticia de haber llevado la guerra a un país hermano; sin ninguna causa legítima; así la fortuna dio a América entera esta lección clásica de que ni siempre el número, la disciplina, ni aun el valor, deciden el éxito de una batalla, y sí la justicia de la causa por que se combate. Las tropas peruanas eran iguales a las colombianas en valor, disciplina y lealtad; tanto unas como otras podían resistir a todas las inclemencias de una campaña y pelear heroicamente hasta vencer o quedar muertas en el campo de batalla; tanto en uno como en otro ejército, la oficialidad era brillante y lozana; los jefes tampoco eran inferiores en ningún sentido, a excepción de Bolívar, que era el astro que lucía entre todos; finalmente, el número de los peruanos era más grande y casi el doble que el número de los colombianos; ¿cuál puede entonces haber sido la causa de la victoria de los segundos?... La misma que en Ayacucho fue la causa de la derrota del ejército español por un puñado de patriotas.

Inmediatamente después de esta batalla, mandó Bolívar levantar en el lugar del combate un gran monumento en memoria de la batalla, con esta terrible inscripción: «¡Aquí se curvó el orgullo de ocho mil peruanos ante el valor de cuatro mil colombianos!». Pero para evitar un recuerdo tan clásico de la humillación del Perú y del menoscabo de su honor nacional, capituló el general La Mar, aceptando casi todas las condiciones impuestas por Bolívar. De esta manera terminó una campaña emprendida con tanto orgullo y tanta confianza; y es así como los errores de los que dirigen los destinos de los pueblos actúan contra la prosperidad y honra de éstos, sin que ellos tengan la mínima participación en tales desaciertos, como sucedió con el Perú, al cual injustamente le dio el Libertador el nombre de ingrato, pues aunque su presidente y los aspirantes que a este desatino lo condujeron, hayan sido peruanos, no representaban ciertamente a todo el pueblo peruano.

Capítulo VI. Actores principales de la primera gran revolución

Los principales actores de la primera infausta y ominosa revolución que estalló en el Perú independiente, en medio de aquellas lisonjeras esperanzas que halagaban al país, fueron los generales Gamarra y La Fuente, don José María de Pando, doña Panchita Zubiaga y el coronel Juan Ángel Bujanda. A éstos se unieron varios otros militares y políticos que, ambicionando también alcanzar títulos y empleos, sirvieron de instrumento a la ambición de esos primeros actores de este teatro de infortunios públicos. En cuanto a Gamarra y La Fuente, haremos su breve bosquejo biográfico en el capítulo correspondiente, o sea, cuando lleguemos a la época de la administración de cada uno. Por ahora, nos limitaremos tan solamente a Pando, Bujanda y doña Panchita Zubiaga.

Don José María de Pando. Don José María de Pando fue sin lugar a dudas, el estadista más eminente y profundo que tuvo el Perú en la época de su independencia. Descendiente de una casa ilustre y rica, recibió su educación primaria en su país natal, Lima, y la concluyó después en Europa, por cuyos países viajó con suceso. Cuando regresó a su patria, dio pruebas de que su genio y su instrucción habían marchado a la par, y que las esperanzas de sus padres serían coronadas por un brillante éxito. Era aún joven cuando, en tiempo del gobierno español, obtuvo importantes cargos en la capital del virreinato. Luego después, en el tiempo de la reunión de las Cortes en España, para donde se debían enviar diputados por las colonias, fue Pando honrado con esta elevada misión, que desempeñó brillantemente, no solo como diputado, sino también como secretario de aquella asamblea, cuya comisión, importantísima en verdad, era otra prueba innegable de sus eminentes aptitudes.

En tiempo de la independencia, fue tres veces ministro, una vez diputado al congreso y otra secretario general de guerra en la campaña contra Colombia, terminada al comenzar por tratados, dos veces redactor de la Gaceta Ministerial, y una vez ministro plenipotenciario, además de otras comisiones particulares que obtuvo por tiempo limitado. En los primeros puestos, como Ministro de Hacienda, fue constantemente combatido por un partido poderoso de oposición, pero Pando, con una calma estoica, respondía más con el silencio que con las palabras hasta los sarcasmos más picantes. Si sus costumbres hubiesen sido más morales, no habría sufrido una censura tan severa como la que tanto amargó los días de su vida pública, y aun las horas silenciosas de su vida privada.

Como escritor público, sus obras, escritas con juicio exacto, lógica severa, manejo perfecto de la lengua nativa, amenidad fecunda y uso propio de su vasta erudición, lo harán recordar siempre en la historia como uno de los que más honrarán el nombre literario de su época. Son varias las obras de este autor; pero las más notables por su merecimiento y por la importancia del asunto son la obra sobre la emancipación de la esclavitud en el Perú, con el título de «Reclamación que ante la opinión pública hacen los propietarios de las haciendas litorales de Lima acerca del decreto de la emancipación de los esclavos»; su discurso sobre la inaplicabilidad del sistema monárquico en el Perú; su Mercurio Peruano, diario político y literario redactado en tiempo de La Mar y continuando en época de Gamarra, obra abundante en trazos científicos y bellezas literarias, y admirable por la insinuación con que dora y justifica los actos del gobierno con lujo de saber y gran habilidad política; su poema intitulado: «El abrazo de Maquinhuayo», obra escrita ya en España, adonde se retiró arrojado por la tempestad revolucionaria; y finalmente su «Mirada sobre la situación de los Estados de la América Española», en la cual, al hablar del Perú dice: «Mejor sería pasar por alto o lanzar un denso velo sobre los recuerdos de las páginas manchadas con sangre de la historia peruana».

Como orador público, estaba Pando dotado de esas altas facultades intelectuales unidas a algunas de esas cualidades físicas necesarias para constituir la perfección del arte de la oratoria. Postura majestuosa, aunque de baja estatura, facciones nobles, ojos radiantes, mirada penetrante, que bastaba por sí sola para desconcertar a sus adversarios, voz fuerte y sonora tales eran los dones naturales que fascinaban al auditorio cuando este hombre tomaba la palabra. Su gesto y su accionar tenían una dignidad grave que, extendiéndose poco a poco a sus hábitos sociales, a su lenguaje, a las formas de su correspondencia, se convirtieron en segunda naturaleza e imprimieron en toda su persona un carácter enteramente particular. La grandeza de pensamiento y la fuerza de imaginación correspondían igualmente a esta pompa majestuosa. Con sátiras súbitas e inesperadas sabía con los desaciertos y faltas más insignificantes de sus contrarios, hacer resaltar efectos prestigiosos que los confundían y derramaban sobre sus discursos el ridículo más adecuado y amargo. Tenía sobre todo un poder de inventiva sin igual en su época.

Como diputado ante el Congreso, se apoyó siempre en el lado ministerial. Nunca fue investido con el favor popular; sin embargo, ostentando en alto grado el de ejecutivo, era para sus colegas objeto de las mayores consideraciones y de una atención extremada. El general Gamarra, de quien fue, primero, secretario general, y después ministro, llegó casi a venerarlo y a mirarlo como un dios.

Como ciudadano particular, era amigo entusiasta de los adelantos sociales y del fomento de las reuniones literarias. Gran aficionado a las representaciones dramáticas, dirigía y sustentaba en su casa una sociedad seleccionada de jóvenes literatos, con quien previamente representaba algunas piezas, teniendo por espectadores a algunos amigos y a un círculo elegantes de señoras dedicadas al arte. Felipe Pardo y Rodulfo, que tuvieron papel brillante en el Perú, especialmente el primero, que es uno de los más grandes poetas modernos de la América española, fueron ambos educados y formados por Pando.

Entretanto, a todas estas cualidades del ilustre peruano iban unidos, como generalmente sucede en esta clase de hombres, algunos defectos bastante odiosos transcendentes a su reputación y a la felicidad de su familia. Poseía un orgullo excesivo que molestaba a sus dependientes y lo hacía enteramente impopular e inaccesible aun a las relaciones más íntimas en la sociedad. Su pasión por el juego, en que perdía grandes sumas con la mayor tranquilidad, manifestando también aquí su orgullo, porque se reía y bromeaba cuando perdía y guardaba un silencio sañudo cuando ganaba, privó a su familia de una gran fortuna que la habría puesto a salvo de las vicisitudes de la suerte. Su abandono a los placeres, sus galanteos y su disipación, quebrantaron su salud y le amargaron aún más el carácter en los últimos períodos de su existencia en el Perú. La prensa capitalina se ocupó más de una vez en revelar y censurar estas faltas en forma picante y acre.

Doña Panchita Zubiaga. Entre los personajes que figurarán en la historia del Perú independiente, se encuentra entre las primeras, la célebre Panchita Zubiaga, esposa del general Gamarra. Hija de una familia española de las primeras de la capital de Lima, recibió una educación de acuerdo a su nacimiento, a las dotes con que la distinguió la naturaleza y al lugar eminente que después debía ocupar en la sociedad. Antes de haber visto al general Gamarra rodeado de las circunstancias que pudiesen anunciar inmediatamente su futura elevación, parecía que, con su instinto penetrante de mujer superior, hubiese ella conseguido ver que estaba destinada para unirse a este hombre y con él representar el papel que en efecto representó en el ámbito de la revolución. Siendo aún Gamarra coronel del ejército español, comenzó a pretenderla y sintiéndose ella fuertemente inclinada por él, se celebró aquel famoso enlace que tantas conmociones causó al Perú.

140

Mujer altiva y filósofa que, con el talento de prever y persuadir, sabía siempre proporcionar sus esfuerzos a la magnitud de los obstáculos, entró con su marido en la carrera del poder, tan pronto el campo de las ambiciones quedó libre de la sombra que hacía el general Bolívar. Su talento y sus seducciones irresistibles para la mayoría de los jefes del ejército y de los que halagaban a Gamarra con la esperanza de un nuevo estado de cosas, lograron conseguir los fines que se propuso, aunque por aquella ley uniforme de las compensaciones en los destinos humanos, finalmente naufragaron sus proyectos futuros, llevando a ella y a su marido a una muerte eminentemente trágica que en los tiempos venideros servirá de meditación profunda al hombre público.

La elegancia de su talle, la frescura de su tez y de su fisonomía, sus rasgos expresivos, su aire noble, su andar y sus contornos voluptuosos, el conjunto de sus encantos, iban unidos a la fuerza de su imaginación y a la virilidad de su espíritu. En los peligros tenía la presencia de ánimo de un héroe, y en las fatigas la resistencia pasiva de un soldado.

Acompañó a su marido en varias campañas y estuvo presente en más de una batalla, en cuya víspera y día recorría las filas en presencia del enemigo, animando a los soldados con discursos improvisados que producían doble efecto, por la energía de la expresión y por el encanto de la belleza. Gamarra le debió en gran parte, tanto su elevación así como el haberse salvado de muchos peligros inminentes; fue el ángel tutelar que lo acompañó en su carrera y en sus aventuras hasta la revolución de Arequipa. Ella entró en todas las combinaciones políticas de su marido y tuvo gran participación en los planes de guerra.

Si la moralidad de sus costumbres hubiese correspondido a la elevación de su genio y a la firmeza de su carácter, habría merecido ser colocada en el grupo que la opinión inmortaliza; y si no hubiese tomado tan obstinado empeño en sustentar a su marido en el mando contra la voluntad del Congreso y de los pueblos, no habría tenido un fin tan desgraciado como el que tuvo, ni su nombre habría sido proferido en la época de su prosperidad con tanto desafecto e indignación, como fue.

Cuando en el departamento de Arequipa estalló la revolución contra la administración del general Bermúdez, tramada por el mismo Gamarra por medio de una sublevación militar que anuló el nombramiento de presidente hecho por la Convención en la persona de Orbegoso, se encontraba esta mujer en la capital de aquel departamento. La plebe se levantó enfurecida hasta el frenesí, buscándola de casa en casa y hasta en las iglesias, pidiendo su cabeza a gritos. La piedad de una señora en cuya casa se refugió, y de donde se fue pasando de noche a otras por encima de los techos, disfrazada de clérigo, su presencia de ánimo que nunca la abandonaba, la bondad de los vecinos principales, la generosidad del general Castilla, uno de los jefes revolucionarios, que la condujo una mañana escoltada por una partida de caballería hasta el puerto de Islay, la salvaron del furor de la población y le prolongaron la vida por algunos días más. De Islay se embarcó para Valparaíso, donde permaneció para no ver más a su marido ni a su patria. En la hora de su muerte, mandó por una cláusula de testamento, que le fuese arrancado el corazón del pecho después de su fallecimiento, y enviado a Gamarra donde quiera que éste se hallase. Cumpliendo su deseo, su corazón, conservado en espíritu de vino, fue llevado a su marido y paseado, después de la batalla de Ancash, por todas las capitales del Perú.

Por lo tanto, las persecuciones de Doña Pancha Zubiaga, su expatriación, sus últimas disposiciones, el enorme volumen de su corazón que en todas partes fue admirado, contribuyeron a hacer más célebre esta Catalina Peruana, que, de no haber tenido tanta participación en las calamidades que afligieron al Perú y si hubiese empleado su talento y su gracia en sentido contrario, habría merecido la gratitud de ese país.

Don Juan Angel Bujanda. Juan Ángel Bujanda, natural de una de las provincias del departamento de Cuzco, fue uno de los hombres más célebres de la revolución, que, aunque sin ningún brillo ni apariencia fascinante en sus actos administrativos, jugó largo tiempo con los destinos del Perú, y sacrificó la ventura de los pueblos a su ambición y perfidia, por medio de sus manejos diestros, sombrío e impenetrables. Cuando salgan del caos en que se encuentran los documentos y pormenores de la historia de las revoluciones peruanas, y cuando una inteligencia fuerte los coordine y revele a la América, separando lo pasajero de lo permanente y marcando a cada efecto sus causas; entonces se verá, bajo su verdadero punto de vista, a este hombre raro que, siendo infinitamente superior en capacidad, como hombre público, a otros muchos que fueron celebrados y señalados ante la opinión pública por gacetas y diarios, ya con aplausos en el tiempo de su prosperidad, ya con vituperios y recriminaciones en la época de su adversidad, no hizo su nombre mayor ruido en los años de sus influencias, ni después de su muerte verdaderamente trágica, fue propalado, a no ser una que otra vez, para después sepultarse en el olvido. Y tanto más de extrañar ha sido este fenómeno, por lo mismo que tuvo lugar en una época en que la saña de las pasiones buscó su desahogo aun bajo la fría loza de los muertos. ¿Será porque Bujanda obró siempre como instrumento y nunca como agente directo de sus propósitos propios o exclusivos? ¿Será porque nunca se elevó a aquella altura de la cual se hace sombra a las ambiciones y se excita la envidia de los rivales? En verdad, nunca este hombre combatió ni abrió brecha en el corazón de ninguno de los que subieron a la cumbre del poder, ni contrarió las pretensiones de la corte republicana; pero sí se contentó y aspiró únicamente a cumplir su papel bajo el escudo de un caudillo; y he aquí por qué, aun en este puesto secundario obró con más influencia que aquél, quedó hasta hoy su nombre olvidado y confundido.

Era pues Bujanda un hombre cuyo exterior indicaba un alma vulgar, pero cuyo cerebro contenía grandes recursos para engañar y cuyo corazón estaba formado para hacer el mal a sangre fría. Hipócrita por naturaleza y de profesión, tenía la facilidad de Cromwell para llorar cuando quería; la calma o la agitación, la confianza o el temor, la alegría o el pesar, todo aparentaba admirablemente al natural, cuando eran cabalmente contrarios los sentimientos que obraban en su interior. La cabeza triangular de este hombre, que asentada sobre un pescuezo levantado casi a un palmo de su pecho, le sobresalía del cuerpo con desmesurada desproporción, la conformación de su organización cerebral, en que se veían fuerte e igualmente pronunciadas las facultades intelectuales y animales, sin casi ninguna señal perceptible de facultades morales; su mirar siniestro y sus grandes ojos cristalinos y malos que se movían como dos globos bajo los arcos prominentes de sus cejas, armonizaban perfectamente con su carácter y anunciaban claramente la bajeza y falta de humanidad de sus sentimientos. Su cabeza contrastaba admirablemente con la del general La Mar, a cuya muerte y ruina contribuyó. Si el célebre frenologista, Combe, hubiese visto estas dos cabezas, las habría preferido, para presentar el contraste entre la constitución del hombre virtuoso y la del perverso, a las cabezas del amable y bondadoso Melanchton y del cruel y vicioso Alejandro VI, cuyo contraste ofreció con tan admirable ingenio.

Se hallaba Bujanda de mercader en la capital del Cuzco, cuando fue nombrado el general Agustín Gamarra prefecto de esta ciudad, por decisión del libertador. Desde luego trató de halagarlo para merecer su amistad, pues su previsión, alcanzaba a ver la revolución en que se envolvía el país y el papel que le correspondería al general Gamarra, cuyo gran talento fue conocer a los hombres y escoger a los que serían los mejores y más fieles instrumentos de su ambición, descubrió, en el largo lapso que estuvo en el Cuzco, el alma que se encerraba en aquella peregrina figura, y lo convirtió entonces en su mayor confidente, le reveló sus secretos y lo tomó como uno de sus primeros agentes y simpatizantes de su sistema. Posteriormente, cuando subió al poder, lo elevó de simple ciudadano al grado de coronel. De este puesto dio Bujanda otro salto al de general, concedido por Salaverry en su revolución contra Orbegoso.

La historia del gobierno de este hombre como Prefecto del departamento del Cuzco y como cómplice de Salaverry, en los atentados de Callao cometidos en aquella revolución, está toda manchada de sangre. Tal vez el Perú no haya presentado en toda la época de sus conmociones, sino dos hombres de alma tan atravesada y de corazón de más fingimientos que los de Bujanda. De entre los infinitos hechos sangrientos y atroces de que está llena su vida pública, solo referiremos uno en prueba de nuestros juicios.

Hallándose este coronel a cargo de la prefectura del departamento de Cuzco, estalló allí una revolución militar que su instinto no pudo presentir, porque fue concebida y ejecutada casi al mismo tiempo. Los autores de esta revolución fueron el coronel Escobedo, el más antiguo del ejército patriota, don Diego Cárdenas, antiguo oficial del ejército realista, retirado del servicio, y una parte de la oficialidad de dos cuerpos de infantería y de uno de caballería al mando del coronel Frías, que en la actualidad se encontraban acuartelados en la capital de aquel departamento. Una noche, por invitación de Cárdenas, se reunieron en casa de unas señoras, con el fin de pasar algunas horas de diversión. Cárdenas, luego que el vino le exaltó un tanto la imaginación ya llena de ideas de cambio de gobierno, con los síntomas pronunciados del descontento general de los pueblos y con el ejemplo de otras revoluciones, aunque sofocadas, que habían tenido lugar en Ayacucho y en la capital de la república, Cárdenas, repetimos, de acuerdo con Escobedo, que no se hallaba en la reunión porque su plan era acudir al llamado de la prefectura después de efectuada la mudanza, propuso el proyecto a los oficiales, que luego se dirigieron a apresar a Bujanda y a Frías en sus propias casas, cuando menos lo pensaban; y, sin estrépito ni sangre, se cumplió al día siguiente el cambio de gobierno, con gran asombro de la población, que no había tenido ni la menor idea de tan brillante suceso.

Pasaron algunos días bajo este nuevo estado de cosas, cuando al cabo de algún tiempo, comenzaron los propios autores de la revolución a vacilar y a sentir lo terrible de su posición, por hallarse al centro de la república rodeados por las fuerzas que existían en los demás departamentos, y por no ver como lo habían juzgado, la ayuda que ninguna de ellas ofrecía a su movimiento revolucionario.

Bujanda no había sido maltratado en la revolución; estaba detenido en la misma casa de gobierno con todas las comodidades, excepto el estar preso; los oficiales tenían ocasión de estarlo viendo frecuentemente; de lo que aprovechándose hábilmente Bujanda logró seducir al capitán Boza y a otros para que hiciesen una contrarevolución. Les ofreció las más grandes garantías y les prometió una cantidad de dinero suficiente a cada uno, acompañada del respectivo pasaporte, para que se refugiasen en Bolivia, añadiendo que haría uso de toda su influencia sobre el general Gamarra para que no los persiguiese. En cumplimiento de este ofrecimiento comprometió su palabra de honor y juró solemnemente que a ella no faltaría por ninguna razón. Se llevó a cabo entonces la contrarevolución procediendo un tiroteo de dos horas entre las fuerzas dirigidas por los que en ella entraron y las fuerzas que la ignoraban y que eran bastante consecuentes a su sistema y muy fuertes para abandonar lo emprendido. Vencidos los segundos, fueron apresados sin que pudiesen huir, y los primeros permanecieron confiados en la palabra de Bujanda.

Restablecido otra vez en el mando, los invitó Bujanda para comer en casa de gobierno al día siguiente; sentose a la mesa con aquella calma fría y satisfecha de una alma de salvaje que festeja y agasaja las víctimas que va a inmolar, les presentó un banquete espléndido, y brindando con ellos, saboreaba el licor delicioso, como si se complaciese con la vista de aquellas fisonomías de hombres que luego del banquete terminarían en el patíbulo. Acabada la comida, se retiraron los infelices a sus casas, después de haber recibido la mano de seda de Bujanda, y apenas iban llegando al umbral de ellas, cuando las partidas prevenidas de antemano, que los venían siguiendo a distancia, llegaron y los condujeron presos al cuartel de San Borja, donde permanecieron el resto de la tarde y la noche.

Al día siguiente, el coronel de cívicos Orihuela, uno de los predilectos de Gamarra y consocio de Bujanda, fue con un escribano para hacer la pantomima de la toma de declaración. A las diez de la mañana ya estaban levantados los patíbulos en la plaza propiamente llamada de las lágrimas, porque fue por muchos años y continúa siendo regada con las lágrimas de las madres, esposas, hijas y hermanas de las innumerables víctimas que en ella se inmolaron. El peregrino proceso, reducido únicamente a tomar declaraciones a los reos, duró hasta las tres de la tarde: a esta hora, se dictó la sentencia de fusilar a los desventurados que no podían absolutamente ni creer en tanta perfidia ni conformarse con destino tan cruel. Así fueron pues conducidos a las tres horas y media al lugar de su suplicio, en medio de una desesperación que nada podía igualar ni expresar, y ahí finalmente fueron fusilados con asombro de la ciudad entera y con el llanto de los espectadores, sin precedente formación de culpa ante un consejo de guerra, ni de haberse observado ninguna de las formalidades prescritas por el código militar en tales causas.

Cuando un fraile se aproximó a uno de los reos que ya iba a sentarse en el banco fatal, para escuchar su confesión, acto éste a que se había negado por no haber creído en su destino, mandó el desgraciado que se retirase con un gesto terrible y con tres o cuatro palabras expresadas con el acento de la última desesperación. Luego los cadáveres destrozados por las balas, palpitándoles aún los miembros y dejando con la sangre que les corría un surco por las calles, fueron arrastrados al campo y allí arrojados, sin darles sepultura, como pasto para los buitres. ¡Esta clase de sacrificios se llamaban entonces, golpes de estado!

A la revolución que en Arequipa estalló en favor del general Orbegoso, siguió otra en Cuzco, algún tiempo después de aquellas atrocidades. En esta nueva revolución, fue Bujanda destituido del mando, luego de haber escapado a la furia del pueblo, que en la noche anterior había inundado toda la calle de la prefectura pidiendo su cabeza; y, a no ser por la guardia doble de doscientos hombres que había en la casa de gobierno, habría infaliblemente sido asesinado. Luego después de su destitución, fue remitido a Lima, que ya se había pronunciado a favor de Orbegoso; y cuando éste dejó la capital para visitar los departamentos del sur, tuvo la habilidad de entrar en acuerdos con el general Salaverry, de quien fue cómplice en la sangrienta revolución ya mencionada.

Cuando Salaverry tuvo que dejar la capital para emprender la campaña contra Santa Cruz y Gamarra, como adelante veremos, quedó Bujanda como jefe supremo de la república; pero, no tardó mucho en abandonar esta nueva causa. Sabiendo que Gamarra se encontraba en Cuzco al frente de cuatro mil hombres, corrió a reunirse con él y estuvo presente en la desastrosa batalla de Yanacocha o Lago Negro, perdida la cual, huyó sin parar hasta embarcarse para Chile. Fue aquí que recibió del cielo la retribución de los males que había causado a sus semejantes. Hallábase pues Bujanda en esta república, viviendo tranquilamente retirado en una quinta, donde disfrutaba la fortuna que granjeara con sus manejos, cuando una mañana sintiéndose con el peso de una fuerte indigestión, tomó, juzgando que fuese cremor, una dosis de arsénico que halló envuelto en papel dentro del cajón de la cómoda, y expiró después de haber luchado muchas horas con las agonías de una muerte atroz que a sí mismo diera.

Esta muerte verdaderamente trágica, en medio de las convulsiones de la falta de piedad y de la desesperación, las aventuras de su vida, su cooperación en el asesinato de Valle Riestra, estas atrocidades en fin de que hablamos, infamaron de tal suerte su memoria, que parece que la historia intencionalmente ha querido olvidarla.

Capítulo VII. Plan de la revolución y caída de La Mar

El plan de la revolución era el siguiente; mientras se llevase a cabo la campaña de Colombia, debía don José María Pando excitar la opinión pública en la capital por medio de la prensa contra la administración del general La Mar, y prepararla, al mismo tiempo, para un cambio de gobierno en que se debía indicar indirectamente a Gamarra como el llamado a presidir los destinos de la nación. El primer intento debía fundamentarse: 1.º en la imprudencia de llevar la guerra a un país hermano con quien, por lo contrario, se debían entablar las relaciones más estrechas de armonía y amistad; 2.º en los males irreparables que causaría al Perú esta guerra; 3.º en la deshonra que recaería sobre el brillo nacional en caso de una derrota o de una capitulación ignominiosa. El segundo intento debía afirmarse en el hecho de ser La Mar hijo de Guayaquil, ya entonces desmembrado del Perú, y en la consiguiente incompatibilidad de su presidencia con la independencia nacional y con el espíritu de la carta fundamental que llamaba a la suprema magistratura únicamente a los hijos del país. Debían igualmente sacarse argumentos y hacerse raciocinios poderosos sobre los errores supuestos y verdaderos que La Mar había cometido en su administración, dándose a ésta todo el carácter y aspecto de la más incapaz de conseguir la prosperidad nacional, de llenar los votos de los pueblos y de corresponder a los sacrificios que acababa de hacer el ejército para su libertad e independencia. En el mismo sentido, se debía escribir en los otros departamentos, especialmente en el Cuzco, reproduciendo y comentando los escritos de Pando.

El general La Fuente debía trabajar en Lima secretamente con los jefes y oficiales de la guarnición, preparándoles para la revolución con la promesa de grandes recompensas, medallas, gratificaciones, etc.

Doña Pancha Zubiaga y don Juan Ángel Bujanda debían trabajar del mismo modo en la capital del Cuzco, cuya cooperación era tanto más necesaria y de una importancia tanto más vasta, ya que el departamento de este nombre, por la inmensa extensión de su territorio, por sus grandes recursos agrícolas y pecuniarios, por su situación geográfica y por el carácter decidido y constitución robusta de sus habitantes, es el principal de los que componen la república peruana. Juzgaba pues Gamarra con razón que, coadyuvada por este departamento la revolución del ejército del norte y consiguiente mudanza de gobierno en la capital, quedaría asegurada para siempre su dominación en el Perú.

De esta forma, debía el general Gamarra destituir a La Mar del comando del ejército; transmitida esta noticia a La Fuente por medio de un extraordinario, debía éste apresar a Luna Pizarro y hacerlo salir del país, destituir del mando a don Manuel Salazar, ocupar su lugar y obligarlo a la ceremonia de entrega del poder ante el Congreso, a fin de dar a sus actos una apariencia de legalidad. Transmitidos igualmente estos sucesos al Cuzco con el despacho de Prefecto para Bujanda, debía éste, con el auxilio del grupo de Doña Pancha, destituir a León del mando del departamento y reasumirlo ante la Junta Departamental.

La Mar, su destino y su muerte
El plan anterior fue llevado a cabo en todas las partes con la mayor asiduidad y eficacia. Tan pronto se supieron en Lima los desastres del ejército en Portete, don José María Pando, que ya había iniciado su obra por el hábil medio de la insinuación en sus escritos, desplegó todo el poder de su genio y toda la fuerza de sus concepciones para pintar con los más vivos colores el desastre de la campaña, y engrandecer sus funestos resultados con las imágenes más realzadas y con los más terribles comentarios. Recapitulaba después todo el período de la administración de La Mar, le buscaba sus faltas y argumentaba sobre la ilegitimidad de su gobierno, y con tal energía de expresión, que fascinaba en verdad a los que no descubrían, en medio de todo esto, la falta de realidad y la esterilidad de los hechos; y digo esterilidad, porque el mayor orador del mundo no sería sino estéril y falto de realidad, defendiendo una causa injusta y carecida de verdad. Burke, Chatham, Mirabeau, el Pico de Mirandola, no fueron más que declamadores en ocasiones en que no tuvieran la justicia y la verdad por base en sus discursos.

Acusaban al gobierno de no haber consagrado toda la atención, todo el estudio, toda la madurez indispensables a los graves negocios de cuyo acierto dependía la suerte de la nación; de haber sido contraria la marcha general de su política a las doctrinas constitucionales y a los principios de conciliación que se debían adoptar entre las tradiciones del pasado y las exigencias del presente, necesarios para mantener en armonía a los pueblos y a las opiniones; de no tener los hombres que lo cercaban las aptitudes que corresponden a las necesidades de la vida actual de la nación, para servir de auxilio en las épocas difíciles y de escuela y ejemplo a las instituciones sociales; de haber olvidado a muchos hombres que habían prestado servicios eminentes a la patria y apartado de su círculo a otros que, habiéndose distinguido unos en la guerra de la independencia, otros en la política y otros en la administración, podían contribuir con sus trabajos y conocimientos al bien del país.

Estos y otros reproches se hacían a La Mar por una prensa hostil que cada día subía de punto en vehemencia; pero ninguno fue más decisivo contra este hombre que el que se fundaba en la desgraciada campaña de Colombia. La paz era el gran grito de la reunión para la liga que contra él se formó. Se dirigía a los pueblos la amarga queja de haberse faltado a los principios de la independencia y del republicanismo adoptados en todos los estados hispanoamericanos, de haberse llevado la guerra al país clásico de la libertad, y de sustentar con grandes gastos una lucha que conducía directamente a la ruina del tesoro y al sacrificio de la vida de los soldados de la patria. Se desgastaban finalmente en reclamaciones contra la ambición loca de contiendas y de guerras por intereses meramente personales.

Pero bajo de todas estas apariencias nuevas y grandiosas, bajo esta pompa y este lujo de acusaciones ante el tribunal de la opinión pública, no se trataba sino de intereses estrechos y personales, y mientras una parte del pueblo ilusionado tomaba seriamente como fin lo que no era más que un pretexto, la experiencia de todos los tiempos ha demostrado que no se emiten a la luz ciertas ideas seductoras en la época de la infancia de una nación, sin que lleguen a pasar después al orden de los hechos.

El eco de estas acusaciones, que a todas horas resonaban en la capital, era repetido en otras ciudades, y especialmente en el Cuzco, por agentes y colaboradores contratados que, a falta de la circunspección, majestad y encanto de estilo de los escritos de Pando, exageraban groseramente las fallas del gobierno, y pintaban con los colores del odio y de la calumnia la tiranía de la administración y la pretendida ilegalidad de la presidencia de La Mar.

Así se comenzó la revolución por el abuso de la libertad de prensa; así se convirtió en un jurado de acusación perenne, e inmoderada contra el gobierno y contra la persona del más virtuoso de los peruanos, del más ilustre después de Bolívar y Sucre. La prensa republicana o democrática, olvidando la nobleza de su misión y dando todo al desahogo de pasiones corrosivas, sacrificaba todo a la idea de lanzar costase lo que costase, de la cumbre del poder a los que estaban en él. La patria, la independencia, la constitución eran las grandes divisas de la bandera en torno de la cual se reunían los escritores enemigos personales o gratuitos de La Mar, y de allí soltaban los tiros continuados de sus invectivas; pero puede ser que no hubiese entre ellos uno solo de los que con tal ansia y afán se precipitaban sobre el gobierno para sofocarlo a fuerza de acusaciones, que lo hiciese guiado por espíritu de verdadero patriotismo y abrasado de celo por el bien del país, como ellos pregonaban. No era sin duda la hostilidad sistemática, o mejor dicho, maniática y de especulación, contra cuanto procedía del poder, la gran misión de defender los derechos de la nación.

Preparada así una parte de la opinión por medio de la prensa, esperaba y buscaba Gamarra una coyuntura para dar la funesta realidad a su proyecto, y esa coyuntura la encontró en el desastre de Portete. Inmediatamente después de este fatal suceso, mandó un mensajero extraordinario a Lima con la noticia. Pando hizo entonces subir a los cielos la gloria de sus profecías y desplegó en sus escritos todo el poder de su elocuencia para presentar a los ojos de la nación «el terrible cuadro de las calamidades que envolvían al Perú». La Fuente y su grupo pisaron también en terreno firme, y encontraron en la primera desgracia de la patria una brecha abierta para sus futuras actividades.

Pocos días, por tanto, después de la derrota de Portete, tuvo lugar en el ejército del norte una escena que debería ser pintada por un pincel más diestro. Una noche, cuando estaba La Mar descansando de sus fatigas dentro de su tienda de campaña, con aquella calma y serenidad que acompañan a los hombres virtuosos, aun en las horas más difíciles y en medio de los mayores reveses de la fortuna, entró el coronel San Román y en su cama lo apresó con una partida de soldados pertenecientes a aquellas mismas tropas de las que momentos antes era héroe y jefe supremo, y con una frialdad admirable le presentó la orden del general en jefe, Gamarra, mediante la cual quedaba destituido del mando del ejército y debía salir desterrado para Centroamérica.

Para contemplar esta humillación de un gran carácter y alta inteligencia ante las órdenes de un hombre inferior y la intimación de esas órdenes hecha por un subalterno por él favorecido, es menester que se conciba esa desesperación que debe sentir el genio que tiene conciencia de sí mismo y que ve huir las horas que aguardaba para recibir los homenajes de gratitud de un pueblo al que consagró los sacrificios de su vida.

Al día siguiente de ser tomado preso, fue La Mar deportado a Centro América, donde permaneció hasta su muerte bajo la custodia del coronel Bermúdez quien fue su conductor, y que posteriormente fue nombrado general y jefe supremo provisional de la nación, como después veremos.

¡He aquí realizado, en los tiempos modernos, uno de los golpes clásicos de ingratitud con que las repúblicas griegas pagaban los servicios de sus hombres ilustres! He aquí el destino de aquel soldado de la independencia, de aquel que, por la unánime voluntad de los pueblos, ejerció la suprema magistratura de la nación, de aquel que, para sustentar el brillo y las glorias del Perú, emprendió una campaña peligrosa para su vida; de aquel, en fin, de quien el poeta decía:

«Allá por otra parte
sereno pero siempre infatigable;
terrible cual su nombre, batallando
se presenta La Mar y se apresura
la tarda rota del protervo bando.
Era su antiguo voto, por la patria
combatir y morir. Dios complacido
combatir y vencer le ha concedido.
Mártir del pundonor, he aquí tu día;
  ya la calumnia impía.
Bajo tu pie bramando confundida
te sonríe la patria agradecida;
  y tu nombre glorioso
al armónico canto que resuena
en las amenas márgenes del Guayas
se mezclará siempre, y el pecho de tu amigo

tus hazañas cantando y tu ventura
palpitará de gozo y de ternura.»

A la mudanza hecha en el ejército siguió muy rápido el cambio en la capital. El general La Fuente, la misma noche que recibió el aviso, tomó las medidas necesarias para asegurar la transformación del gobierno. El primer paso era deshacerse del hombre que verdaderamente era el jefe del gabinete, y cuyas influencias podían perjudicar la marcha del nuevo estado de cosas; y este hombre era el presidente del Congreso, Luna Pizarro. Las precauciones que para este fin se tomó y el suceso de las mismas, muestran hasta qué punto iban las influencias.

A la mañana siguiente, mandó La Fuente un oficial con doce hombres para apresar a Luna Pizarro, con orden terminante, y bajo responsabilidad, de cercar primero la casa, entrar después él solo y mostrarle la orden de prisión, sin darle lugar a réplica alguna ni a cambio de palabras. El oficial, cumpliendo con el primer punto de la orden, colocó a los soldados alrededor de la casa, entró después en ella, y lo primero que encontró fue un eclesiástico débil, de estatura baja y de vestir muy simple, sentado en una mesa cubierta de libros amontonados sin orden y en una sala enorme sin mayor adorno.

El oficial, que no conocía a Luna Pizarro y que se había formado de él, por su celebridad, la idea de un hombre de porte elevado, robusto y de exterior grave y majestuoso, ataviado con medallas y vestido de lujosas ropas, no imaginó ni remotamente que fuese este hombre aquel a quien iba a buscar, y, tomándolo con la simplicidad de Sancho Panza por fámulo de aquel personaje, le preguntó: «¿Dónde está el señor Luna Pizarro?». Éste, cuya vivacidad y penetración eran tan rápidas como el rayo, le respondió: «Soy yo, esperaba a vosotros, porque sabía que vendríais a apresarme».

Esta respuesta tuvo el efecto que pensaba el ilustre presidente. El oficial, confiado con la entrega voluntaria y dispuesta de antemano que Luna Pizarro hacía de su persona, perdió toda desconfianza con respecto a su fuga y se dejó eludir en su ingenuidad. Luna Pizarro entabló luego conversación con él, y, pidiéndole por fin permiso para entrar en su alcoba para hacer una diligencia necesaria, se escapó por una puerta lateral; pero fue luego capturado por los soldados que estaban a la expectativa. Después de esa pasada, el oficial condujo a Luna Pizarro con tanto cuidado, que, cuando los conocidos le hablaban por la calle, no le permitía responderles ni una sola palabra, y, si hubiese sido posible, le habría tapado la boca elocuente.

Ya con Luna Pizarro preso, trató luego el general La Fuente de destituir a Salazar y Baquíjano de la vicepresidencia. Envió después al Congreso un oficio, en el cual le informaba el cambio hecho en el ejército y de lo que acababa de hacer como consecuencia de ese cambio, acompañando todo con las razones que habían dado lugar a esas medidas. Le notificaba al mismo tiempo que se reuniese al día siguiente, para hacer solemnemente su exposición ante él y recibir el mando de Salazar y Baquíjano, conforme al espíritu de las instituciones fundamentales del país.

Se reunió para el efecto el Congreso, y La Fuente se presentó ante el mismo, después de haber marchado entre las tropas vestidas de uniforme de gala, formadas desde el palacio hasta la casa de la Asamblea Salazar y Baquíjano también se presentó allí con la serenidad del hombre recto y con la satisfacción del magistrado que fue fiel a sus deberes. Al entregar el bastón, dijo estas palabras enérgicas y significativas que hacían recordar los días de Arístides: «Yo devuelvo este bastón que la nación me confió; éste pasará a manos más diestras, pero no más puras».

Hasta ese día todo había sido gloria y heroísmo para el Perú, desde el momento en que en su suelo se hizo oír el grito de la independencia; hasta ese día, habían tenido realmente libertad, la grandeza y la majestad de las instituciones republicanas, por cuyo poder habían sus generosos hijos derramado ríos de sangre y amontonado sus huesos en los campos de batalla. Ahora, quiso el destino mostrarle que los más grandes sacrificios, que el más noble entusiasmo, de nada sirven cuando las ambiciones vencen a las virtudes cívicas sin las cuales no pueden las repúblicas tener vida, o, si la tienen, es la vida de la anarquía o de la esclavitud bajo el nombre de libertad. El destierro de La Mar y la destitución de Salazar y Baquíjano, consentidos o sufridos pasivamente por la representación nacional, eran los puntos en que los grandes principios liberales se apagaban ante los intereses y los resentimientos personales.

Luego que llegó a Cuzco el aviso de los cambios realizados en la capital, depuso Bujanda a León del mando del departamento, y conforme a lo tramado, fue el poder reasumido por él. Este ilustre ciudadano, La Mar, copia de uno de aquellos severos espartanos que nos presenta la historia, era digno de esos días de verdadero republicanismo y de esas épocas grandiosas de Bolívar y de La Mar.

¡Así acabó la administración del predilecto de los pueblos, y tal fue el fin del más virtuoso de los peruanos!

Nunca infortunio más terrible y menos merecido recayó sobre un hombre que no tuvo otro crimen que el haber consagrado su vida y sus sacrificios en pro de la causa de la libertad. Este es uno de aquellos hechos asombrosos en que reconocemos los injustos rigores de la fortuna y los efectos de la cruel ingratitud de los hombres. Pero, sin pretender sondear los misterios de los destinos humanos, diremos algo sobre las relaciones de este hombre con el autor de tan terrible infortunio.

Había el general La Mar sido uno de los que más contribuyeron a la prosperidad de Gamarra. Tuvo gran participación en su ascenso al grado de general, interpuso sus buenos oficios con Bolívar a fin de que lo nombrase prefecto del Cuzco, evitó que un golpe de autoridad por parte del Libertador lo privase de la vida, le ofreció constantemente las mayores pruebas de amistad sincera, y, finalmente, cuando fue elevado a la suprema magistratura de la nación, le dijo, en más de una oportunidad, que todas sus aspiraciones eran retirarse a la vida privada, y que él (Gamarra) sería su sucesor en el mando y que no descansaría hasta ver logrado este deseo... ¡Y es este mismo hombre quien lo despoja del poder por la fuerza, quien lo traiciona tan alevosamente, quien lo apresa y lo hace perecer en un destierro, lejos de su patria, sin el consuelo de dar, siquiera, el último adiós a sus amigos! He aquí uno de los infinitos hechos que prueban a un tiempo la ingratitud del hombre y la verdad de que, algunas veces, el infortunio es el patrimonio de la virtud y la prosperidad la recompensa del crimen.

Al morir, devolvió La Mar al Perú, la espada con puño incrustado de brillantes que le ofrecieran como una demostración de gratitud por sus eminentes servicios. La cláusula de su testamento en virtud de la cual hacía esta devolución y el discurso que en sus últimas horas dirige al pueblo peruano, recordándole la ingratitud recibida como pago por sus sacrificios en favor de la causa de la patria, causaron profunda impresión en todos los ánimos y motivaron la consternación de toda la república. Al hacerse la lectura de estas piezas dictadas por la elocuencia del sentimiento y del genio, se pudo apreciar a una numerosa concurrencia de ciudadanos, reunidos para este fin en las capitales, con los ojos humedecidos por las lágrimas. Sentimos vivamente que, escribiendo solo por medio de recuerdos sin documentos a la vista, no nos sea posible copiar estas y otras piezas semejantes.

Capítulo VIII. Juicio sobre La Mar

El general La Mar fue uno de los hombres eminentes por su capacidad y por sus prendas morales, pero en quien la bondad del alma degeneró en una debilidad de carácter que perjudicó tanto su bienestar propio como la ventura de los pueblos cuyos destinos rigió con mano trémula y vacilante. Poseía en el corazón todas las dotes del civismo y del valor, hacía el bien por convicción, por ilustración y por hábito; pero, como gobernante, carecía de aquella fuerza e impulso necesarios para mantener el orden y contener las revoluciones.

Los rasgos característicos de su persona anunciaban a primera vista estas virtudes de su alma y esta debilidad de genio. Elevación de estatura, majestad de porte, belleza de facciones, eran las cualidades físicas que atraían la simpatía y el respeto de cuantos lo veían. Con todo, no tenía este célebre patriota, como Bolívar y otros héroes, ninguno de aquellos rasgos fuertes y notables que sorprenden la atención o revelan el genio; cuando se levantaba, cuando daba la mano era cuando se reconocía al hombre superior. Su aire enteramente militar, sus maneras simples eran las de un hombre de alta educación; era afable y cortés con nobleza. En la conversación iba a los puntos principales del asunto, desdeñando, por así decir, las partes complementarias o menos interesantes. En los discursos públicos, en los grandes asuntos, en las respuestas a las arengas, era, sobre todo, donde sobresalía; escuchaba con atención, y respondía de un modo claro y lógico y en términos escogidos. En la controversia, desarrollaba asombrosos recursos de inteligencia y prodigiosa fecundidad de ideas. No tenía nada de brillante ni de estudiado en sus palabras; se expresaba con calma y gravedad, y dominaba siempre la materia. Algunas veces se animaba insensiblemente, entonces le brillaban los ojos, sus expresiones eran vivas y enérgicas, comandaban la atención y no dejaban medios para luchar contra sus argumentos; esta metamorfosis tenía lugar especialmente cuando se trataba de los intereses nacionales, de la patria, de la independencia. Cuando hablaba a sangre fría, no era menos admirable que cuando se anunciaba con calor. Sabía también ser jovial, cuando lo exigían las circunstancias.

La influencia de las virtudes de La Mar, durante su presidencia, se extendía desde el palacio hasta la cabaña; pero era en su vida privada donde mejor se apreciaba la bondad de su alma; en ella se encontraba la noble simplicidad de un romano; quien lo viese en el interior de su casa lo habría tomado por un Flavio o un Camilo; era ésta siempre frecuentada por ciudadanos que allí llegaban a pedirle favores o a implorar su protección. Salía a pasear sin compañía por las calles y era detenido a cada instante por los que tenían necesidad de hablarle. En la sociedad, se presentaba sin pompas, sin pretensión de infundir respeto, como si no fuese el vencedor de Junín y Ayacucho, el primer magistrado de la nación, uno de los primeros generales de la patria.

Esta simplicidad en la manera de proceder de un hombre que reunía tantos merecimientos y tanto prestigio era de admirarse, ya que es muy raro encontrar en el mundo hombres que no estén inclinados a hacer ostentación de cualquier favor con que los haya distinguido la naturaleza, y que no tengan propensión a hacer un mérito del cumplimiento de los deberes que la moral y las leyes imponen igualmente a todos los hombres.

Como militar poseía La Mar todas las cualidades y todo el talento para sobresalir en la carrera de las armas. Valor personal y de soldado profundamente arraigado en su alma, entusiasmo ardiente por la libertad, calma y serenidad en los peligros, ímpetu decisivo contra el enemigo en el campo de batalla, generosidad compasiva con el vencido, honradez a toda prueba, constancia infatigable en el trabajo, tales eran las prendas raras reunidas al mismo tiempo en este hombre, y tales las cualidades que nos hacen mirar con asombro la vacilación y timidez con que empuñaba las riendas del gobierno y dirigía sin valor ni firmeza la nave del Estado, que finalmente dejó navegar a la deriva sobre las olas embravecidas hasta despedazarse en las peligrosas rocas. En tiempo de los españoles, tiempo en que la elevación de un americano, aun al grado de coronel era un milagro, una cosa excepcional, fue ascendido al puesto de inspector general del Ejército del Perú, como antes vimos; y solo esto basta para demostrar sus eminentes aptitudes y darle un lugar entre los primeros militares de América.

Como patriota, en el sentido verdadero de la palabra, fue también uno de aquellos pocos en cuya frente brilló la inmensa virtud cuyo sentido expresa la voz del patriotismo, de los que, desligándose noblemente de los compromisos que lo ataban al gobierno español, abrazó con ardor y con pasión la causa de los pueblos y de su libertad. Fue el último de los ilustres jefes de la nación en quien acabó aquella virtud y se extinguió su esplendor, para no reflejar más sino de vez en cuando en algunos pálidos destellos de su luz moribunda.

Como jefe de la administración, fue, durante el período desgraciadamente corto, en que la dirigió, el gran representante de las pretensiones justas y progresivas del mejor grupo del pueblo peruano. Para quien haya estudiado sus medidas gubernativas y observado con los ojos de la imparcialidad, fue siempre la base de su administración el amor al país, el deseo de verlo prosperar y avanzar al apogeo de gloria nacional con que soñaron los generosos americanos al dar el grito de independencia en el inmenso continente del Nuevo Mundo. Nunca la pureza de su alma liberal fue manchada, como la de sus sucesores, con la avarienta pretensión de conservar al país eternamente curvado bajo el taco de su bota, armado de la espuela del general. Él llegó al poder sin haber jamás pretendido, y si solamente consentido, aunque con reparos, el voto universal de los pueblos y del Congreso, porque su espíritu libre de ambición no encontraba atractivo en el mando; la edad y la experiencia de los ilustres magistrados que lo precedieron, le habían enseñado que éste era espinoso en demasía; y que cercado de escollos, conducía casi siempre al precipicio. Al cabo de una carrera dilatada y gloriosa, como soldado de la independencia, y de una administración honrosa y liberal, de la cual nunca consiguieron sus enemigos borrar el recuerdo de su nombre, su reputación permaneció ilesa en la opinión pública y en el buen sentido de los pueblos, en medio de la tempestad de las calumnias y de la lluvia de folletos escritos con plumas, envenenadas. Después del poder que Bolívar y San Martín habían ejercido, fue el quien se vio revestido del poder legal más inmenso que pueda existir en una república, y este poder no hizo vestir de luto a ninguna familia, ni hizo huérfanos ni viudas, como fue el caso de sus sucesores. La historia no señalaría las cárceles, el ostracismo, los patíbulos, con que Salaverry y otros enlutaron el Perú en nombre de la patria y de la libertad.

En los negocios públicos, exhibió siempre tacto, inteligencia, patriotismo, consecuencia en sus opiniones y compromisos, culto religioso por sus principios.

Sus actos administrativos fueron censurados; pero su agigantada reputación de integridad y honradez, nunca fue atacada por el envenenado diente de la maledicencia, que no se atrevió ni aun a empañarla con su pestilente hálito. Gozó siempre de las más vivas y pronunciadas simpatías de los peruanos, sus compatriotas, y, si tuvo enemigos gratuitos que le hicieron una guerra despiadada, fueron aquéllos que confundieron la república con un partido, con una bandera, con una sociedad secreta, fueron aquéllos que, con miras de alcanzar sus propósitos, emplearon todos los medios y no conocieron más causa que el interés y la envidia; fueron aquéllos, finalmente, que entraron en un movimiento mal calculado para trastornar el existente, sin pensar en el futuro.

Su gobierno, al igual que los de Bolívar y San Martín, nunca se afirmó en la fuerza física. No existe un solo acto en su administración que se pueda señalar como emanado de ese poder terrible y opresivo del que hacen uso los tiranos. Verdad es que en el tiempo de los tres existió un ejército brillante y soberbio, que algo aportaba al brillo y respetabilidad de sus gobiernos; sin embargo, esta fuerza era la fuerza nacional para garantizar la independencia del país, y no para oprimirlo ni mantenerlo en la estúpida sumisión que infunde el terrorismo; era la fuerza de que se servían para desarrollar las semillas de la inteligencia y de la riqueza nacional, y no para monopolizar esos desenvolvimientos a favor de su poder y de sus personas, no para perseguir los talentos que discordaban en opiniones políticas y someter el adelanto y libre expansión de la cultura, no finalmente para tiranizar y ahogar cada germen o cada indicio de progreso como un elemento de desorden y de rebelión.

El único gran error que cometió el general La Mar, y que extendió una especie de nube sobre la época diáfana y afortunada de su administración, fue el haber emprendido la campaña de Colombia, que tantos y tan funestos resultados trajo a la patria y a su persona. Mas, aun en esto, el hombre imparcial, libre de prevenciones, reconoce ese espíritu noble de patriotismo, cuyo fanatismo es perdonable por la pureza de las intenciones, y nunca esa ambición desenfrenada de adquirir celebridad y poder a costa del sacrificio de los pueblos.

Si lo comparamos con Bolívar, era éste muy grande, su alma le pertenecía a él, al mundo, y a la libertad, para necesitar jamás de consejos; obraba por sí mismo y con la entereza de un espíritu fuerte, que no se rendía ante los obstáculos que le oponían. La Mar era, como gobernante, de un temple de carácter muy blando y muy accesible; nada hacía sin consultar primero las opiniones, tenía la calma de la filosofía que no encuadra con la política en tiempos de agitación y de entusiasmo nacional. Bolívar obraba con la resolución de un soldado que no admite apelación; confundía todas las clases en su nivel republicano y cambiaba el estado de la sociedad: La Mar contemporizaba con las circunstancias, captaba la opinión de sus ministros, y hasta se sometía al domino de su favorito.

Acusaron a La Mar, entre otras cosas, de haberse dejado llevar por el encanto del sexo débil en Lima; pero, si de esta debilidad tampoco estuvieron libres, en cierto punto, ni San Martín ni Bolívar, necesario es también decir que la misma no ejerció influencia alguna considerable o perjudicial, ni sobre los destinos de la nación, ni sobre su reputación y moral. ¿Cuál es el hombre eminente en el mundo, dotado de alma y corazón, cuál es el héroe, con la sola excepción, tal vez, de Napoleón, que se haya mostrado insensible a los atractivos de la belleza, o dejado de translucir, a través de su existencia humana, la influencia que puedan sus acciones haber recibido de la mujer? ¿Fue esta debilidad, para Francisco I, para Luis XIV, y hasta para Enrique IV, origen de vergüenza y de desgracia? Carlos Magno, ese conquistador que hizo ondear sus estandartes sobre las cimas de los Alpes y de los Pirineos, sobre las márgenes del Rhin, del Danubio y del Vístula, que reunió bajo su cetro la mayor parte de los países y de los pueblos que componían el imperio romano en los tiempos de su suprema grandeza, ¿no se presenta poseído de una pasión inmoderada por las mujeres, y no fue él que dio el título de esposa a una de sus amantes? ¿No conservó la historia los recuerdos de la bella Talstrade a quien consagró su adoración?

El general La Mar, por lo tanto, cumplió plenamente su misión sobre la tierra. Su amor propio nada tenía que desear, su conciencia ningún deber que lamentar por no haber sido cumplido. Llegado a la época melancólica en que las floridas y seductoras ilusiones del republicanismo comenzaron a desaparecer ante los ojos como fantasmas, precisado de mandar en medio de las áridas realidades desprovistas de toda la positividad que da muerte a las esperanzas del bien público y del sí mismo, testigo forzado de la lucha encarnizada de las pasiones que se apoderaron de la patria, por cuya libertad trabajó con entusiasmo y a la cual sirvió siempre con desinterés y sin descanso; quebrantada su robusta constitución por los tristes padecimientos de su cautiverio agravados por la idea de la ingratitud de los hombres, ¿qué podría, en su destierro, haber encontrado La Mar en la copa de la vida sino licor amargo y nauseabundo? En semejantes situaciones, la muerte no aterra, sobre todo al que la ve llegar como La Mar sustentado por una fe religiosa, viva e incontrastable: el sepulcro es un lugar de asilo y de descanso. La muerte fue un bien para este general, puesto que no hizo otra cosa que cortar los hilos de una vida ya huérfana de esperanzas y fecunda en sufrimientos.

Pero estas consideraciones solo tienen lugar en el alma de los indiferentes; porque los corazones unidos al que muere por los lazos del afecto y de la convicción de la virtud, las repelen con tedio, porque no calculan, no reflexionan, pero se aman, sienten, lloran ese llanto inconsolable con que riegan el sepulcro, la amistad y la consagración del hombre eminente, del hombre virtuoso, del magistrado sin mancha.

Libros a la carta

A la carta es un servicio especializado para

empresas,

librerías,

bibliotecas,

editoriales

y centros de enseñanza;

y permite confeccionar libros que, por su formato y concepción, sirven a los propósitos más específicos de estas instituciones.

Las empresas nos encargan ediciones personalizadas para marketing editorial o para regalos institucionales. Y los interesados solicitan, a título personal, ediciones antiguas, o no disponibles en el mercado; y las acompañan con notas y comentarios críticos.

Las ediciones tienen como apoyo un libro de estilo con todo tipo de referencias sobre los criterios de tratamiento tipográfico aplicados a nuestros libros que puede ser consultado en Linkgua-ediciones.com.

Linkgua edita por encargo diferentes versiones de una misma obra con distintos tratamientos ortotipográficos (actualizaciones de carácter divulgativo de un clásico, o versiones estrictamente fieles a la edición original de referencia).

Este servicio de ediciones a la carta le permitirá, si usted se dedica a la enseñanza, tener una forma de hacer pública su interpretación de un texto y, sobre una versión digitalizada «base», usted podrá introducir interpretaciones del texto fuente. Es un tópico que los profesores denuncien en clase los desmanes de una edición, o vayan comentando errores de interpretación de un texto y esta es una solución útil a esa necesidad del mundo académico.

Asimismo publicamos de manera sistemática, en un mismo catálogo, tesis doctorales y actas de congresos académicos, que son distribuidas a través de nuestra Web.

El servicio de «Libros a la carta» funciona de dos formas.

1. Tenemos un fondo de libros digitalizados que usted puede personalizar en tiradas de al menos cinco ejemplares. Estas personalizaciones pueden ser de todo tipo: añadir notas de clase para uso de un grupo de estudiantes,

introducir logos corporativos para uso con fines de marketing empresarial, etc. etc.

2. Buscamos libros descatalogados de otras editoriales y los reeditamos en tiradas cortas a petición de un cliente.